KB273097

_______________님이

하루를 행복하게 살 수 있기를

모든 이들에게 에너지가 될 수 있기를

소망 하시는 일들이 뜻대로 이루어지길

바라며 이 책을 드립니다

_______________ 드림

살아가면서
한 번은
당신에
대해
물어라

살아가면서 한번은 당신에 대해 물어라

| 긍정의힘교육원장 이철휘 지음 |

모아북스
MOABOOKS

요즘 힘들다고 말하는 사람들이 부쩍 늘었다. 어떤 조직, 어떤 위치에 있는 사람이든 힘겹지 않은 사람은 없는 것 같다.

이는 우리 사회가 조직의 이익에 비해 개인의 행복을 너무 무시해온 결과가 아닐까 생각한다.

조직은 빠른 성장을 위해 앞만 보고 달리기를 원해왔다. 조직 구성원들에게 성과를 강요했다. 성과를 내지 못하는 개인들은 도태되었다.

그래서 우리는 성과주의라는 위험한 함정에 빠져 있다. 성과주의는 궁극적으로 조직의 성공을 방해하는 함정이다. 아무리 성과만을 목표로 하는 조직이라 해도 그 안에는 개인들의 삶이 존재하는데, 그들에게서 살 맛이 안 난다는 푸념이 들려온다면 그 조직은 결코 성공할 수 없다. 사람이 없는 조직은 존재 자체가 불가능하기 때문이다.

게다가 조직이 개인을 끝까지 품어주지 못하는 고용불안의 시대에 개인들은 자기 자신의 몸 하나만 믿고 살아갈 수 밖에 없다. 그런 현실 속에서 개인들에게 조직의 효율적인 하나의 부속품으로 살아가라 강요하는 것은 시대착오적이다.

어떤 사람들의 마음은 조직에서 이탈하여 자신만의 성공을 꿈꾼다. 그런 조직에는 개인주의가 팽배하고 여기저기서 잡음이 들려오기 시작한다. 커다란 기계가 삐그덕대기 시작하는 것이다.

이것은 다시 개인의 삶을 파괴하는 부메랑이 된다. 조금만 생각해보면 나의 행복이 조직의 성패와 밀접하게 관련되어 있음을 부정할수가 없다. 회사가 불안정한데 그 직원이 행복할 수가 있을까?

결국 우리에게 필요한 것은 개인과 조직이 함께 나아가는 것이다. 열심히 일하는 것이 인정받고 조직원들 사이에 행복한 기류가 흘러넘쳐야 한다. 이러한 유기성이 곧 조직의 성과로 이어지고, 그것이 다시 개인들의 행복으로 돌아온다.

이 책은 무엇을 말하려고 하는가?

나는 이 책에서 성과를 향한 줄 세우기가 아닌 새로운 리더십을 제시하려 한다.

지금 우리에게 필요한 것은 상하좌우를 모두 아우르는 새로운 개념의 리더십이며, 모든 조직 구성원들이 자신의 자리에서 리더십을 실천하는 것이다.

이것은 필자가 40여 년 가까운 군 생활 동안 항상 스스로에게 질문하고, 그렇게 되고자 갈망해 왔으며, 이 책이 쓰여진 목적이기도 하다. 필자는 군대에서 조직 내의 모든 위치를 역임했다. 한 단계씩 더 많은 이들을 이끄는 자리로 올라가면서 필자가 느꼈던 것은 지휘자(관)에게만 리더십이 중요한 것이 아니라 모든 단계의 조직 구성원에게도 각자 자기에게 필요한 리더십이 있다는 것이다.

이는 2005년 존 맥스웰(John C. Maxwell)이 《360° 리더》라는 책에서 주장한 '다방향 리더십' 과 일맥상통하는 개념이다. 존 맥스웰은 "리더십이란 영향력 행사의 방향에 따라 일방적으로만이 아닌 다방향으로 발휘되는 것" 이라고 말했다.

필자는 1986년에 이미 4방향 리더십의 개념을 정립하고 "리더십은 리더가 조직의 상하좌우 구성원 모두로부터 사랑, 존경, 신뢰를 받아 최선의 조직 목표를 달성하는 것" (필자의 책 《간부의 사고》)이라고 정의했다. 그리고 이를 군 조직의 리더십 교육에 적극적으로 활용하였다.

상명하복의 체계로만 유지될 것 같은 군 조직에서 이러한 리더십을 강조한다는 것은 매우 역설적으로 들릴 것이다. 그러나 그것이 조직을 효과적으로 움직이는 가장 중요한 원리였다. 필자가 2011년 육군

대장으로 예편할 때까지 오랜 기간의 조직생활에서 상관과 동료와 아랫사람을 동시에 아우르는 나만의 원칙이 없었다면, 상하좌우의 압박에 흔들리며 중심을 잡지 못하였을 것이다. 윗사람에게는 무조건적으로 충성하고, 아랫사람에게는 무조건적인 복종을 강요했다면 조직에 불협화음을 일으켰을 것이다.

4방향 리더십은 군을 지휘통솔하는 데 분명하고도 확실한 효과가 있었다. 부드러운 카리스마는 조직원들의 이탈을 막고 공동의 목표를 향해 자발적으로 움직이게 한다. 그러한 경험을 바탕으로 현재는 긍정의힘교육원을 이끌며 대학과 많은 기업체에서 4방향 리더십을 알리고 있다. 그것이 바로 조직을 원활하게 이끄는 원천이자 힘이라고 믿으며 사회에서는 더더욱 중요한 보탬이 될 것이라 확신한다.

필자가 이 책에서 말하고자 하는 리더는 탁월한 능력과 카리스마를 바탕으로 독단적으로 조직을 이끌어가는 사람이 아니다. 조직 구성원들의 뜻을 거스르지 않으려고 전전긍긍하며 그들이 원하는 방향으로 끌려가는 사람도 아니다. 현재의 자기 입지가 흔들릴까 두려워 어쩔 수 없이 상부의 명령을 따르는 사람도 아니다.

진정한 리더는 조직 구성원 모두가 목표를 공유한 가운데 그 인격과 인품에 감동되어 자발적으로 따르도록 할 수 있는 힘을 가진 사람이다.

지난 시대의 리더십은 사람들을 지치게 할 뿐 그 효과는 점점 한계를 드러내고 있다. 낡은 시대의 고정관념을 깨는 작업이 필요하다. 그것이 진정한 조직의 성과와 개인의 행복으로 연결된다.

리더십의 선순환이 일어나 모든 조직원이 자신의 자리에서 진정한 리더십을 발휘할 때 우리는 우리가 그렇게도 원하던 유기적이고 효과적인 조직 속에서 성취감을 얻을 수 있다.

이 책에서 얻을 수 있는 것은 무엇인가?

지금 시대는 한마디로 리더십의 부재와 가치 혼란의 시대라 할 수 있다. 과거에는 국민 모두에게 성장과 발전이라는 절대 과제가 있었지만, 지금은 삶의 가치를 각자가 찾아가야 하는 시대가 되었다.

많은 이들이 가치관의 혼란을 겪고 목표를 잃은 채 방황한다. 가정에서나 조직에서 설 자리를 찾지 못하고 주위의 모든 관계를 압박으로 느끼며 하루하루를 버티고 있다. 이제 우리는 스스로를 돌아보고 자신에 대해 질문을 던질 시간이 필요하다.

〈살아가면서 한번은 당신에 대해 물어라〉이 책에서는 불안한 현대인들이 자신의 위치를 확인하고 다시 한 번 자기 자신을 돌아보는 데 도움을 주고자 한다. 우리 모두가 4방향 리더십의 필요성을 깨닫고 자신의 인간관계에서 4방향 리더십을 실천할 때, 우리 사회에 어떠한 선순환을 일으킬 수 있는지 생각해 볼 것이다.

우선 현대인들이 어떤 압박으로 인해 끝없이 실패감을 느끼는가를 짚어보며, 주위를 둘러볼 여유도 없이 앞으로만 달려 나가는 이유가 무엇인지 진단해 볼 것이다. 하루하루 살아가는 데 온 정신을 빼앗기고 여유 없이 달려나가는 사람들에게 이 책은 한 걸음 멈추어 자신의 인생과 인간관계, 그리고 진정한 삶의 가치를 돌아보게 하는 계기가 될 것이다.

나아가 스스로 리더가 된다는 것이 무엇인지, 주위의 네 방향을 향해 리더십을 발휘하여 인생을 주체적으로 이끌어가는 것이 어떤 것인지를 일깨울 것이다. 이에 더해 리더가 되기 위해 우리의 생각과 행동에는 어떤 변화가 필요한지 제시하려 한다.

리더는 태어나는 것이 아니라 만들어지는 것이라는 말이 있다. 이 말에는 누구나 리더가 될 수 있다는 의미가 들어 있다.

당신이 진정한 리더가 되어야 하는 이유를 곰곰이 생각해보기 바란다. 당신의 어깨 위에 많은 이들의 삶이 놓여 있음을 깨닫기 바란다. 그런 후에야 우리는 진정한 리더로 거듭날 수 있다.

이 철 휘

3장 모두를 내 편으로 만드는 리더십의 사이클

4장   선순환을 만드는 리더십의 원리

1장

대단한 변화

01

우리는 변했다

문제는 어떻게 새롭고 혁신적인 생각을 하느냐가 아니라 어떻게 오래된 생각을 비워내느냐 하는 것이다. 모든 사람의 머릿속은 케케묵은 가구로 가득 찬 건물과 같다. 한쪽 구석을 비워낸다면 창의성이 즉시 그 자리를 메울 것이다. - 디 혹

'나는 잘 살아가고 있나?'

문득 내 인생을 돌아보게 되는 때가 있다.

모든 것이 잘 풀릴 때보다는 위기에 닥쳤을 때 우리는 스스로를 돌아보곤 한다.

내 일에는 문제가 없나?

내 가족에게는 아무 문제가 없나?

내 인간관계에 어떤 문제가 있는 것은 아닌가?

늘상 하던 대로 하는 것은 어렵지 않지만, 오래된 사고방식이나 습관을 버리는 것은 결코 쉽지 않다.

그래서 우리는 늘 하던 대로 일을 하고, 늘 하던 대로 타인을 대하

며 살아간다. 무언가 잘못되었을지도 모른다는 생각을 가슴속에 묻어둔 채 말이다.

앞만 보고 달려온 우리의 자화상

세상이 더욱 각박해져서인지 자신의 삶에 회의나 의문을 품고 살아가는 사람들이 많아졌다. 자기 인생을 잘 꾸려가고 있는 중년들 조차도 사회에 첫발을 내딛은 이십대 청년들처럼 불안감을 느낀다.

그것은 무엇보다 경제적 위기감 때문이 아닌가 싶다. 경기는 침체되기만 할 뿐 좋아질 기미가 보이지 않으니 없는 사람은 더욱 위축되고, 가진 사람도 마음이 편치 않다. 그동안 애써서 살아 온 지난날들이 아무런 보람 없이 무너져 버릴 것 같은 위기감을 느끼는 것이다.

그런 상황에서 삶의 질을 따지는 것은 사치가 되어 버린다. 그리고 초조한 마음은 분노로 바뀐다.

당신도 이런 불평을 해 보았을 것이다.

"지금껏 이렇게 힘들게 살아 온 이유가 뭐야?"

"도대체 뭐가 나아진다는 거야?"

지금은 온 나라가 몸살을 앓고 있다. 기업들은 더 높은 성과를 내라고 재촉하지만, 개인들은 더 이상 짜낼 것이 없다고 신음하고 있다.

직장이나 사회에 기대할 것이 없어진 사람들은 점점 개인화되어 간다. 모두 자기가 움켜쥔 얼마 안 되는 것들을 빼앗기지 않으려고 주먹을 더욱 꽉 쥐고, 타인의 삶 따위는 안중에도 없게 되었다. 그 속에서 더욱 소외감을 느낀 사람들은 삶의 의지를 잃어버리고 극단적인 선택을 하기도 한다.

우리는 지금껏 앞만 보며 살아왔다. 국가의 발전과 개인의 성공을 추구하며 살았다.

"구불구불한 오솔길이 아닌 곧게 뻗은 고속도로를 타야 해. 너를 고속도로로 이끌어줄 줄을 잡아. 주위를 둘러보며 시간을 빼앗기다가는 원하는 목표에 도달할 수 없어."

이런 목소리가 우리를 재촉 해왔다.

그 목표를 위해서라면 어떤 힘든 일도 견뎌야 하고, 불합리한 조직문화에도 순응해야 하고, 억울하면 출세하는 수 밖에 없고…….

우리는 학교에서나 사회생활 속에서 앞만 보고 나아가는 법을 습득했을 뿐, 주위를 독려하여 함께 가는 법은 배우지 못했다. 앞만 보고 달려야 겨우 성공의 발뒤꿈치라도 좇아갈 수 있었다. 옆을 돌아볼 새는 없었다.

그러한 사고가 우리나라의 유례없는 빠른 성장을 일궈냈는지도 모른다. 국민들의 생활 수준도 적잖이 향상되었고 말이다.

그러나 이제 그 부작용이 드러날 때가 된 듯하다. 지금껏 우리가 믿어왔던 성과주의로는 삶의 질은 물론 성장 자체도 불가능한 시대가 온 것이다.

우리는 지쳐가고 있다

지금 당신은 지쳐 있다. 성과 위주의 조직 안에서, 성공을 강요하는 사회 안에서.

당신은 지칠 만했다. 그것은 당신의 잘못이 아니다. 당신이 나약해서 지친 것이 아니다. 당신은 지칠 만했던 것이다.

성공을 좇아 달려온 세계 경제는 이제 성장의 한계에 다다랐다. 개인들의 성공을 독려하는 문화는 조직원들의 피로감을 키웠다. 사람들은 조직의 성공이 곧 개인의 성공이 아니라는 것을 눈치 챘다.

그럼에도 사람들은 더 추락하지 않기 위해 또다시 성공을 위해 달리고, 자기계발에 박차를 가한다. 그것만이 살 길이기 때문이다.

삶이 고속도로라고 생각하는 그 직선적인 사고방식에서 벗어나지 않으면, 우리는 앞으로도 계속해서 똑같은 절망감을 느낄 수 밖에 없다. 인간은 성공만을 좇아 살아가는 단순한 성공 기계가 아니기 때문이다.

인간의 특성을 생각해 보자. 인간의 신체 중 직선으로 이루어진 부분이 있는가?

인체는 완만한 곡선으로 이루어져 있다. 우리의 생각도 직선일 수는 없지 않는가? 인간의 사고는 완만한 흐름을 탄다. 자신의 머릿속을 들여다 보면 누구나 느낄 수 있을 것이다.

인간은 본래가 부드럽고 복잡한 존재이기 때문에 앞만 보고 달리기를 강요받는 현대인은 내적인 조화가 깨질 수 밖에 없다.

사회 조직도 마찬가지이다. 인간에 대한 이해 없이 성과만을 강요하는 조직은 오래 살아 남을 수 없다.

성과를 내는 것이 목표라 해도 그것만 일직선으로 좇아가는 것으로는 이제 더 이상 성과를 낼 수 없다.

우리는 지금 각자의 인생에서 많은 회의감을 느끼며 살아간다. 겉으로 드러내지 않을 뿐 속은 썩어 들어 가고 있다.

우리는 왜 이런 집단적인 패배감에 빠져버렸을까?

나는 우리 사회가 휩싸여 있는 성과 위주의 사고방식에 그 원인이 있다고 생각한다. 인간의 특성을 배려하지 않은 채 앞만 보고 달리도록 강요했기 때문에 지쳐 나가떨어지는 사람들이 생기는 것이다.

이제 성공을 강요하는 사회에 저항하자

성공을 향해 끊임없이 자신을 채찍질하며 앞만 보고 달리는 사람들을 보면 참으로 안타깝다. 그것이 성공을 향한 지름길이 아닌데, 그렇게 해서는 성공할 수 없는데 말이다. 성공은 오히려 주위를 둘러보며 천천히 갈 때 힘들이지 않고 다가갈 수 있는 것이다. 인생은 마라톤이지 결코 단거리 승부가 아니다. 지치지 않는 사람이 결국 승리하게 되어 있다. 때로 우리는 구불구불한 오솔길을 선택할 수 있다. 그 과정에서 얻는 아기자기한 경험들이 우리 인생을 더 성공적으로 이끌어 갈 수도 있다. 이제는 누군가가 말하는 일률적인 성공의 법칙에 더 이상 휘둘릴 필요는 없다.

그러나 우리 사회는 아직 우리의 이런 마음의 변화를 따라가지 못하고, 과거의 성공 신화에 묶여 있다. 지친 우리들에게 꾸준히 성공적인 사고방식을 주입하려 하는 목소리들이 주위에 널려 있다. 스티븐 코비의 〈성공하는 사람들의 7가지 습관〉류의 자기계발서도 그 중

하나다. 《포춘》지가 선정한 500대 초일류 기업 가운데 460여 개 기업이 스티븐 코비가 개발한 '성공하는 사람들의 7가지 습관 워크숍' 교육 프로그램으로 사원을 교육시킨다. 여러분은 그 이유에 대해 생각해 본 적이 있는가?

개인들이 모두 성공을 향해 달려나가고, 상승 욕구에 가득 차 있다면 상명하복의 체계는 굉장히 쉽게 실현된다. 한 마디로 자발적으로 말을 잘 듣는 부하들을 갖게 되는 셈이다. 이것은 지도자에게는 굉장히 유혹적인 방법이다. 개인들이 자발적으로 내 목표에 동조해 준다는 것은 아주 흐뭇한 일이다. 개인들을 성공지향주의에 눈 멀게 하는 것은 그것이 조직을 유지하는 손쉬운 방법이기 때문이다. 그들의 달콤한 속삭임은 마치 조직이 아닌 개인을 위한 것처럼 들린다.

"우리 조직의 성공을 위해 너는 끊임없이 달려라."

이런 말을 반겨 들을 사람은 없다. 그러나,

"너의 발전을 위해 달려라. 능력만 키우면 이런 지긋지긋한 회사에는 사표를 던지고 더 좋은 자리로 올라가렴."

이런 말에는 귀가 솔깃해지기 마련이다.

결국 성공을 권하는 온갖 목소리들은 개인의 행복과 성공보다는 조직의 유지에 더 큰 공을 세우고 있는 것이다.

지금 우리에게 필요한 것은 용기다. 일직선의 삶을 권유하는 사회

의 목소리를 단호히 뿌리치고 "나는 큰 기계의 부속품이 되는 성공
만을 좇아가지 않겠다!" 고, 자기 인생의 리더가 될 거라고 결단하는
참다운 용기 말이다.

나를 돌아보기

1. 지금껏 당신을 가장 지치게 한 것은 무엇인가?

2. 자신이 해야 한다고 믿는 것은 무엇인가?

3. 그런 믿음을 당신에게 심어준 것은(사람은) 무엇인가?

02

소외되어도 꿈을 잊지 말자

자유롭게 피어나기, 이것이 내가 내린 성공의 정의다 - 게리 스펜스

성공이란 무엇일까? 고속 승진이 성공인가? 돈을 많이 버는 것이 성공인가? 그런 것이 성공이라면 이 세상 많은 사람들이 실패자가 된다.

성공지향적인 사고방식은 여러 가지 교묘한 방법으로 우리 안에 자리 잡아 우리를 지배하고 있다. 우리 삶은 크고 작은 성공으로 구성되어 있는 듯한 착각에 빠져, 거기서 삐끗하면 극심한 스트레스를 받는다.

각종 성공 미담은 우리를 초조하게 만든다. 우리는 서로가 서로를 초조하게 만들고 있다. 온 나라가 성과주의에 허덕이는 상황에서 자

기 자신이 주인으로 살아가는 사람은 하나도 없다.

그러나 누가 감히 우리의 성공과 실패를 단정지을 수 있는가? 성공이란 매우 개인적인 감정이다. 그래서 어떤 이들은 '성공'이라는 말을 '행복'이라는 말로 대체하여 표현하기를 좋아한다.

내가 실패했다고 인정하지 않는 한 실패란 것은 없다. 그 모든 것이 살아가는 과정이라고 생각하는 사람은 실패 앞에 무릎 꿇지 않는다. 성공이란 내가 꾼 꿈을 이루는 것이기 때문이다.

우리는 모두 소중한 존재다

당신은 소중한 존재다. 당신은 내가 상상할 수도 없는 많은 일들을 경험하며 오늘에 이르렀을 것이다. 어떻게 누군가의 인생을 한 마디로 정리할 수 있겠는가?

그러니 당신도 당신의 인생을 한 마디로 정리하지 말기 바란다. 그것은 당신의 인생에 대한 모독이다. 더 이상 사회가 심어준 고정관념에 휩싸이지 말자. 인생길에는 말로는 설명할 수 없는 너무나 많은 파편들이 존재한다. 그 조각 조각들이 여러분의 삶을 빛나게 한다.

자기 자신을 사랑하지 않는 사람은 다른 사람도 사랑할 수 없다. 자기 삶의 리더가 되지 못하는 사람은 다른 사람의 리더가 될 수 없다.

작은 결과 하나로 인생의 성공과 실패를 단정지으려 하는가? 그렇다면 당신 역시 성공지향주의를 강요하는 세상의 단단한 벽이 될 뿐이다. 자기 인생의 평가에 인색한 사람은 다른 사람에게도 인색할 수밖에 없다. 이런 사람들이 타인에게 영향력을 발휘하는 자리에 올랐을 때 또다시 인색한 잣대를 들이댄다. 부모가 되어 아이들에게 높은 등수를 강요하고, 조직의 리더가 되어 부하직원들에게 성과를 강요한다. 그런가 하면 자기의 작은 성공을 확대해석하는 사람은 개인이나 조직의 위기를 느끼지 못한다.

그러니 당신의 인생을 돌아볼 때 '성공'과 '실패'라는 단어를 쉽게 쓰지 말기 바란다. 온갖 자기계발서에서 이야기하는 '성공한 사람'이니 '실패한 사람'이니 하는 분류에 현혹되지 말기 바란다. 스스로 행복한 사람이 되는 것이 우선이다. 왜냐하면 당신은 소중한 사람이기 때문이다.

비교라는 우물에서 벗어나기

우리를 조급하게 만드는 것은 남과 자신을 비교하는 버릇이다. 비교는 우리 마음속에 쓸데없는 불행을 조장한다.

비교는 인간에게 매우 익숙한 일이다. 인류의 첫 번째 살인이라고 부르는 사건이 있다. 구약성경에 등장하는 카인과 아벨의 이야기다.

아담의 장남인 카인은 동생 아벨과 자신을 비교하며 동생을 시기한다. 하나님이 자신의 제물보다 아벨의 제물을 더 반긴다는 이유에서였다. 여기서 그들의 직업이 각각 다르다는 점에 주목해야 한다. 카인은 땅에서 농사를 짓는 농부이고, 아벨은 양을 치는 양치기다. 두 사람은 정체성 자체가 다른 것이다. 카인이 아벨과의 다름을 마음속으로 인정했다면 비극은 일어나지 않았을 것이다.

카인이 바친 농작물보다 아벨이 바친 양을 하나님이 더 좋아했던 것은 단지 하나님이 채식보다는 육식을 좋아하기 때문이었는지도 모를 일 아닌가(유태인은 유목을 하는 민족이었다). 그러나 다름을 인정하지 못한 카인은 아벨에 대한 질투심을 이기지 못하고 마음속에 불행의 씨앗을 키웠다.

결국 동생을 죽인 카인은 자신의 본업인 농부의 일을 더 이상 하지 못하고 세상을 떠돌아다니는 벌을 받게 되었다.

지금 우리들은 카인보다도 더한 비교의 환경에 놓여 살아가고 있다. 카인은 적어도 비교의 대상이 아벨 한 사람뿐이었다. 그러나 우리는 형제와 이웃뿐 아니라 지구 건너편에서 한가롭게 요트를 타고 있는 사람과도 자신을 비교할 수 있다.

그들에 비해 나는 얼마나 가진 것이 없는가를 알 수 있게 해주는 매체는 수도 없이 많다. TV에서는 끊임없이 우리보다 부유하고 행복한 사람들의 영상을 보여주고, 광고는 끊임없이 우리가 가지지 못한 것에 대한 욕구를 자극한다.

물론 TV는 우리보다 불운한 사람들이 어떻게 꿋꿋하게 자기 환경을 극복해 나가는지에 대한 미담도 꾸준히 보여준다. 그러나 이것 또한 비교의 심리를 자극하는 것에 지나지 않는다. 그리고 현실에 만족하지 못하는 우리를 다른 우회적인 방법으로 채찍질하는 것에 지나지 않을 수도 있다.

이 모든 것이 우리를 타인에게 눈돌리게 만든다. '저들은 성공했다. 그러니 네가 성공하지 못한다면 그것이야말로 한심한 일이 아닌가.' 이것 또한 우리를 지치게 하는 성공 신화이다.

우리가 보아야 할 것은 우리 자신이다. 기준을 자기 자신에게 두어야 한다. '누구보다 성공했다'가 아닌, '나는 마음속으로부터 내가 성공적인 삶을 살고 있다고 느끼는가?'에 초점을 두어야 한다. 다른 사람과 비교하는 마음을 벗어나 자기 안을 진실하게 들여다보면 우리는 의외의 행복을 발견하게 된다.

다른 이들의 삶에 집중하는 대신 나 자신에게 집중해보라. 우리는 평생 대화 한마디 나누지 않을 사람들의 이야기를 하는 데 너무 많은 시간을 쏟는다.

서로에 대해 잘 알고 서로의 삶에 대해 많은 이야기를 나눌 수 있는 중소기업체에 의외로 행복한 직원들이 많다. 직장에서 많은 시간을 보내야 하는 현대인에게 인간관계가 좋은 직장을 다닌다는 것은 굉장한 행복의 조건이다.

그런 살 맛 나는 조직을 만들기 위해서는 '나에게 집중하기', '내 옆에 있는 사람에게 집중하기'가 무엇보다 필요하다. 나에게 집중하는 사람은 남과 비교할 시간이 없다. 여기 내가 지금까지 꾸려오고 정성을 들여 가꿔온 내 인생이 있는데 언제 남의 재산과 명예를 쳐다보고 비교할 여유가 있겠는가.

자기의 삶을 사랑하는 사람은 비교라는 우물 속에 자신을 던져 넣지 않는다.

비교의 우물에 빠지지 않는 방법

• 나 자신에게 집중한다.

• 내가 이루어온 것과 나의 꿈에 긍정적인 생각을 갖는다.

• TV 속 사람들이 아닌 내 주위의 사람들에게 집중한다.

• 내가 어떤 사람인지를 확실히 안다.

내 삶의 기준은 나다

우리는 자신이 어렸을 때 품었던 꿈에 예상보다 더 가까이 다가갈 수 있다. 외국어 과목을 좋아해서 막연히 해외를 오가는 일을 하고 싶었던 시골 중학생이 있었다. 그는 지금 무역회사의 과장이 되어 있다. 한 달에 한 번 정도는 외국을 오가는 생활을 한다. 출장이 잦은 것이 고달프다고 느낀다. 그러나 곰곰이 생각해보라. 그건 중학교 시절 그가 꿈꾸던 일이다!

그는 자신이 꿈꾸었던 일을 통해 돈을 벌고, 가정을 꾸려가고, 그리고 가끔 친구들을 만나면 대수롭지 않다는 듯이 해외에서 겪은 작은 에피소드들을 이야기해준다. 외국을 오가는 것이 그의 생활이 된 것이다. 그것이 지금은 고달픈 일상으로 느껴질지 몰라도 비행기 한 번 타보지 못한 시골 중학생이었던 그에게는 꿈같은 일이었다.

그가 비록 해외에 나갈 때 고급 호텔에 묵지는 못할지라도, 비즈니스석에 앉지는 못할지라도 그것이 뭐 그리 대수인가. 아마도 그의 행복을 좌우하는 것은 비즈니스석에 앉는 것보다 출장 떠나오는 날 아침 가족들이 해준 따뜻한 말 한마디나, 전화 한 통화로 본사 직원과 원활한 의사소통이 되어 가뿐하게 자리를 비울 수 있는 편안함 같은 것이 아니겠는가.

삶의 기준을 어디에 두는가는 자기 자신의 선택에 달려 있다. 사회가 강요하는 기준에 자신을 던져 넣을 것인지, 내가 선택한 기준을 따를 것인지는 개인의 자유이다.

인간이란 얼마나 복잡한 존재인가. 인생이란 얼마나 다면적인 것인가. 그 신비로운 세계를 성공과 실패라는 단순한 언어로 단정짓는 것은 너무나 슬픈 일이다.

나를 돌아보기

1. 당신은 언제 자기 자신을 탓하고 책망하는가?

2. 당신은 누구와 당신 자신을 비교하는가?

3. 당신이 가진 장점은 무엇인가?

03

더 이상 허울 좋은 성공 이론에 휘둘리지 말자

우리는 다른 사람처럼 되기 위해서 자기 자신의 4분의 3을 상실한다 - 아르투르 쇼펜하우어

스티븐 코비, 로버트 기요사키, 론다 번 등의 세계적인 자기계발서 저자들은 우리가 어떻게 하면 성공할 수 있는지 조언해준다. 이런 류의 자기계발서들은 성공을 좇는 현대인의 신 종교가 되었다.

자기계발서의 고전으로 통하는 《성공하는 사람들의 7가지 습관》(스티븐 코비)은 우리를 끝없는 자기와의 싸움으로 몰아넣었다. 우리는 부자가 되는 방법을 배우지 못했기 때문에 가난한 것이라고 주장하는 《부자 아빠 가난한 아빠》(로버트 기요사키)는 부자 아빠가 되는 것이 절대 선이라는 생각을 밑바탕에 깔고 접근한다. 간절히 원하기만 하면 온 우주가 내 성공을 도와줄 거라는 달콤한 명제 하나로 전 세계인을 사로잡은 《시크릿》(론다 번)은 증명할 수 없는 우주론으로

마음 약한 사람들을 유혹하는 사이비 종교 서적 같다.

이러한 자기계발서들은 우리의 무한한 가능성을 일깨워주는 동시에 성공을 향해 달리는 사람들의 지친 마음을 따뜻하게 위로해준다. 우리는 그 위로에 눈이 멀어 그 책들이 밑바탕에 깔고 있는 ' 당신이 성공하는 것이 조직을 위한 절대 선' 이라는 전제를 눈치 채지 못하고 있다. 게다가 우리의 성공지향주의가 바로 조직을 이끄는 숨겨진 함정이라는 사실을 간과하고 있다.

자기계발서의 허점과 모순

당신이 읽어왔던 자기계발서는 당신의 성공을 위해 존재하는 것이 아니다. 그것은 오직 자신들(성공학 저자와 강사들)의 성공을 위해 존재한다. 그리고 당신의 회사에서는 그 효과적인 도구를 당신의 능력 계발을 다그치는 데 적절히 활용하고 있다.

성공 욕구는 개인들의 감각을 마비시키고 다시 앞만 보고 달리게 하는 교활한 마약같은 것이다. 직원들을 자발적으로 달리기로 내몰 수 있는 아주 쉽고 간단한 채찍이다.

이제 그 속임수를 눈치 채기 바란다.

"지금까지 내가 배워온 것이 어쩌면 틀릴 수도 있어. 그렇지 않다면 이렇게 힘들 리가 없잖아. 하라는 대로 다 해봤지만 성공은 커녕 점점 힘들기만 해. 정말 이대로 하면 내가 성공할 수 있을까?"

이러한 의문을 한번쯤 품어보라.

자기계발서의 성공지향적인 사고방식은 우리가 가지지 못한 것에 집중하도록 만들었다. 우리는 우리가 갖지 못한 환경, 갖지 못한 능력, 소유하지 못한 것들에 매달린다. 그리고 그것이 마치 성공의 동력이라도 되는 듯한 환상을 갖고 있다. 또 현재의 삶에 만족하는 사람은 게으른 사람, 정체되어 있는 사람이라는 고정관념에 싸여 있다.

그러나 자신의 부족함에 집중하는 것이 진짜 성공을 가져오는 동력인 것일까? 우리는 '내가 얼마나 가지지 못했는지'에 집중할 때 성장할 수 있는 것일까?

또 자기계발 이론은 개인의 능력 계발에 모든 초점을 둔다. 그럼으로써 모든 책임을 개인에게 전가한다는 점도 큰 문제이지만, 우리 사회에 극단적인 개인주의를 조장한다는 데에도 문제가 있다. 우리는 사회를 떠나서는 살 수 없는 존재이다. 개인의 성공을 '최고 선'으로 여기는 사회는 역설적으로 개인의 행복이 점점 더 멀어지는 사회가 된다.

과연 우리는 나 자신의 성공을 통해 무엇을 기대하는가? 나를 둘러싼 세상이 온통 불공정하고 불합리하다면 성공으로 가는 길도 험난하겠지만, 설사 성공한다 하더라도 진정으로 행복하지는 않을 것이다.

우리가 알고 있는 성공 이론들 중에는 크게는 사회의 변화, 작게는 내가 소속되어 있는 조직의 변화 없이는 사실상 불가능한 것들이 많다. 그런데도 자기계발 이론들은 사회 문제에는 눈을 감은 채, 개인의 힘으로는 어쩔 수 없는 일들을 개인에게 강요하며 사회로 향하는 우리 눈을 가리고 있다.

마지막으로 자기계발 서적들의 문제점은 일률적인 답을 제시하고 강요한다는 것이다. "아침형 인간이 되어야 성공한다", "성공하는 사람들의 시간 활용법을 배워라", "스케줄러 관리법을 이용하라" 등 수많은 성공의 법칙이 존재한다.

그러나 자신이 고쳐야 할 점을 1번부터 10번까지 책상 앞에 써 붙여놓아야 하는 사람이 있고, 그것이 전혀 효과적이지 않은 사람도 있다. 하루 계획을 세밀하게 다이어리에 정리하여 움직이는 사람이 있는가하면 그렇지 않은 사람도 있다. 성공을 위한 효율적인 길은 모두에게 다른 것이다. 그러니 그런 개인별 특성을 무시하고 일률적인 성공 법칙을 강요하는 자기계발서를 보며 내가 실패한 이유를 하나하나 꼽고 있을 필요는 없다.

성공 공식의 문제점

1. 자신의 부족한 점, 갖지 못한 것에 집중하도록 만든다.

2. 공동체보다는 개인의 삶에 집중시킨다.

3. 일률적인 답을 제시하고 강요한다.

자신의 강점에 집중하라

세상에 단점 하나 가지지 않은 사람은 없다. 우리는 올바르지 못한 습관들과 성격의 결함을 지닌 채 살아간다. 그런데 어떤 사람은 자신의 단점에 집중하고, 어떤 사람은 자기가 가진 장점에 집중한다. 다음의 예를 보자.

35세인 A씨는 작은 회사에 근무하다 얼마 전 보다 큰 회사로 이직했다. 전 회사에서 그는 자유로운 회사 분위기 속에서 기발한 아이디어를 내고 신나게 일을 추진해왔다. 그런 그를 유심히 지켜본 타 회사 간부의 제의로 그는 지금 회사에 들어오게 되었다.

새로운 회사에서 그는 처음에 자신의 스타일대로 일을 시작했다. 그는 모든 업무가 서류 보고와 명령으로 이루어지는 이곳의 시스템에 적응하기가 조금 까다롭다는 생각이 들었다.

한 달이 지난 후, 그는 상사가 한 말을 메모해두지 않고 자기가 생각한 기발한 아이디어에 휩싸여 있다가 정작 상사의 세세한 지시를 놓치고 말았다. 상사는 A씨의 기획안에 자기가 지시한 내용이 빠진 것을 알고 짜증을 냈다.

A씨는 이 회사에 적응하기 위해서는 자신이 하던 업무 방식을 고쳐야겠다고 생각했다. 그는 수첩에 자기가 고쳐야 할 나쁜 습관들을 적어놓았다. A씨는 우선 자기 생각보다는 상부의 명령에 집중하기로 했다. 그리고 메모하는 습관을 들이기로 했다.

그는 상사의 모든 말을 메모하여 지시를 따랐다. 한 마디도 놓치지 않으려 노력했다. 그의 다음 기획안을 보고 상사는 이렇게 말했다.

"A씨 능력 있다고 해서 꽤 기대하고 있었는데…… 그만큼 해주지 못하고 있는 거 알죠?"

자, 여러분은 A씨가 어떤 함정에 빠졌는지 알 수 있겠는가? A씨는 한 번 지적당한 자신의 단점에 지나치게 집중하다가 자신의 장점인 창의성과 열정을 놓치고 말았다. 이 회사가 A씨를 스카우트했던 이유는 A씨의 자유로운 생각과 아이디어가 회사에 활력을 불어넣을 것이라 기대했기 때문이다. 그러나 A씨는 상사의 짜증에 겁을 먹고 자기의 단점을 고치는 데만 집중한 결과, 자신의 아이디어가 아닌 상사의 아이디어를 그대로 옮겨놓는 기획서를 쓰고 말았다.

완벽을 추구하는 것이 오히려 우리의 발목을 잡는 경우가 많다. 누구에게도 비난받지 않을 완벽을 바라며 자신이 가진 약점에 집중하다 보면 장점을 발휘할 기회를 놓치고 만다.

우리는 완벽한 사람이 되어야 한다는 강박관념에 시달리고 있다. 세상은 당신의 단점을 지적하며 궁지로 몰아넣는 방법을 잘 알고 있다. 우리는 어려서부터 완벽을 강요받는 데 익숙해 있다.

우리는 자신을 채찍질하여 단점을 보완해야 한다는 사고방식을 자연스럽게 받아들인다. 도대체 무엇을 근거로 하는지도 모를 성공 서적들이 당신의 단점을 고치라고 마구 지적해대는데 그저 고개를 끄덕이고 만다.

단점을 고치는 것은 남의 그림에 덧칠을 하는 것과 같다. 남의 그림에 덧칠만 하다가는 자기가 원하는 그림은 영원히 나오지 않는다. 우리는 새로운 도화지에 내가 원하는 그림을 다시 그려야 한다.

지금 우리가 해야 할 일은 수첩에 적어놓은 '고쳐야 할 것' 목록을 지워버리는 것이다. 대신 나의 장점과 특성을 이해하고 내가 가고 싶은 커다란 목표를 적어두는 것이 낫다.

개인에서 공동체로

우리의 성공을 독려하는 자기계발서들은 사실 성공에 별 도움이 되지 않는다. 성공하는 방법을 알려준다는 데에는 귀가 솔깃해진다. 순간 우리는 성공할 수 있다는 희망에 들뜬다.

'아, 내가 성공하지 못한 것은 내가 이러이러한 습관들이 잘못되었기 때문이구나. 이걸 고치면 나도 할 수 있겠구나.'

성공 이론은 매우 달콤하게 들리지만 사실 그것은 실현되기 어렵다. 성공하지 못하는 다수의 사람들을 위로해주는 작은 위안일 뿐이다. 온갖 성공 미담들이 말해주는 대로 노력하고 드디어 성공을 이루면 거기에는 영원한 행복이 기다리고 있을 거라는 동화 같은 이야기는 실현되지 않는다.

우리는 우리에게 남겨진 모든 여가 시간을 자기계발, 영어회화 학원, 헬스클럽에 소비한다. 그렇게 성공에, 능력 계발에, 멋진 몸매에 매달린다. 그런데도 왜 하나도 나아지는 것이 없는가?

우리의 삶은 사회와 밀접하게 관련되어 있다. 사회의 커다란 흐름 앞에 개인의 힘은 미약하다. 개인의 노력으로 성공을 이룬다는 믿음은 너무나 순진한 것이다. 자기계발서와 성공 신화들은 우리의 그런 순진한 믿음을 이용해 돈을 번다.

성공을 위한 습관을 몸에 익히는 것은 쉬운 일이 아니다. 그리고 설사 개인이 자기를 실패에 빠뜨리는 작은 습관을 고쳤다고 치자. 그러나 개인의 변화는 조직의 커다란 벽 앞에서 언제나 한계에 부딪힌다.

그런데도 사람들은 조직의 변화에는 무관심하다. 개인의 성공이 무엇보다 큰 과제이기 때문에 타인의 삶을 돌아볼 여유가 없다. 오랫동안 우리의 사고를 지배해왔던 성공지향주의는 극단적인 개인주의에 면죄부를 주었다.

지금 우리에게 필요한 것은 공동체에 대한 관심이다. 위와 아래, 좌우를 모두 돌아보며 나아가야 한다. 나의 성공만 향해 달리면 오히려 성공은 멀어진다. 개인의 성공과 행복은 공동체의 발전과 함께 이루어지는 것이기 때문이다.

고정관념을 깨뜨려라

고정관념(stereotype)이란 어떤 특정한 대상이나 집단에 대하여 많은 사람들이 공통으로 가지는 고정된 견해와 사고를 말한다. 대개의 경우 뚜렷한 근거가 없고 감정적인 판단에 의거하고 있다. 사람들은 어떤 고정관념이 불합리한 것이라고 판단되더라도 질서와 안정을 얻기 위해 현실을 왜곡시키면서도 그것에 동조하거나 순종하는 성향을 보인다.

고정관념은 징크스와도 같아서 몇 번의 경험을 통해 얻어진 지식이 마치 모든 경우에 적용할 수 있는 일반적 원리처럼 여겨져 같은 선택을 반복하게끔 의식을 지배한다. 고정관념은 스스로 만드는 상상의 틀에 불과하다. 사람들은 이 틀을 만들어 놓고 자기 자신이 좋은 대로만 생각하고 자신이 보고 싶은 것만 보게 되는 것이다. 예를 들면 남자아이는 푸른색 계통의 옷을 입고 장난감 총이나 칼을 갖고 밖에서 뛰어놀아야 하며, 여자아이는 분홍색 계통의 옷을 입고 인형을 갖고 집안에서 얌전히 놀아야 한다고 생각한다면 당신은 남녀의 성 역할에 대한 고정관념에 빠져있는 것이다.

우리는 성공의 방법에 대해 이런 자기만의 '고정관념' 을 만들어 놓지는 않았는가? 성공의 방법에 대한 우리의 집착은 이러한 것들과 별로 다르지 않다. 고정관념은 우리의 건강한 사고방식에 덫을 놓는다. 창의적 사고와 생각의 유연성을 방해한다. 문제를 해결하기 위해서는 이러한 고정관념에서 벗어나 다양하고 유연하게 생각할 줄 알아야 한다.

여러분은 집에서 팝콘을 튀겨 먹어본 적이 있는가? 그대로는 먹을 수 없는 딱딱한 옥수수 알갱이에 열을 가하면 얼마 후에 경쾌하고 생동감 있는 소리를 내면서 먹음직스런 팝콘이 된다. 하지만 그 중 일부는 튀겨지지 않은 상태로 남아서 먹지 못하고 버려진다.

그런데 눈으로 보기에는 똑같아 보이는 옥수수 알갱이들이지만 튀겨지는 시간은 각기 다르다는 것에 주목할 필요가 있다. 똑같은 열을 가해도 불과 몇 초 만에 튀겨지는 알갱이가 있고, 몇 분이 지난 후에야 튀겨지는 알갱이도 있다. 그런가 하면, 오랜 시간이 지나도 튀겨지지 않는 알갱이도 있다.

사람도 마찬가지다. 겉으로 보기에는 모두 다 똑같은 사람들처럼 보이지만 자극이 주어지면 그 실체가 드러나게 되어 있다. 필자가 아무리 이 세상과 인생에 대해서 많은 얘기를 하더라도 받아들이는 상대인 독자 여러분의 반응은 모두 다른 것처럼 말이다.

어떤 사람은 자기 마음의 틀을 깨는 데 60년이 걸릴 수도 있고, 또 어떤 사람은 6일 또는 단 6시간이 걸릴 수도 있다. 한 가지 분명한 것은 그 틀을 얼마 만에 깼느냐는 것이 아니라 틀에 갇혀 있다는 사실을 인지하고 그 틀을 깨기 위해 노력하는 것이 중요하다는 것이다. 그 틀을 깨고 나오는 순간이 당신의 인생의 방향이 달라지는 순간이다.

"고정관념에 매달려 있다 보면 그것이 옳다는 사실을 증명할 기회를 자꾸만 스스로 만들어 내게 된다. 그러나 일단 한 번만 고정관념에서 벗어나게 되면 계속해서 같은 문제 때문에 같은 교훈을 배울 필요가 없게 되고 인생도 바뀌게 될 것이다"는 오스트레일리아 출신의 작가 앤드류 매튜스의 말의 의미를 새겨들어야 할 이유다.

나를 움직이는 메커니즘이 무엇인지 스스로 찾아야 한다. 내가 어느 부분에서 동기부여를 받는지, 어떤 방법이 나에게 가장 효율적인지는 스스로 알아내야 한다. 다른 이들의 성공 원리를 곱씹으며 자신을 책망할 시간이 있다면 차라리 명상의 시간을 갖거나 밖으로 나가 산책을 하는 편이 낫다. 자신을 솔직하게 마주보는 과정이 있어야만 자신을 성장시킬 방법을 찾을 수 있다.

나를 돌아보기

1. 당신이 믿고 있는 고정관념은 어디에서 비롯되었는가?

2. 자기 자신만의 성공 이론을 만들어보자. 당신의 성공이란 어떤 상태를 말하는가?

3. 그 성공을 위해 어떻게 해야 하는가?

04

우리는 어떤 함정에 빠져가고 있는가?

나 자신에 대한 자신감을 잃으면 온 세상이 나의 적이 된다 - 랠프 월도 에머슨

우리는 종종 자기 함정에 빠져가고 있다. 이는 각각의 사람들이 자신의 성향과 성장 배경에 따라 갖게 되는 심리적인 취약점들이다. 내가 무언가에 가로막혔다고 느꼈을 때, 생각해보면 늘 비슷한 문제였던 경험이 있을 것이다.

이 함정을 만나면 우리는 지나친 불안감에 휩싸이고, 자기도 모르게 함정 속으로 걸어 들어간다. 우리가 반복하여 문제에 빠지는 것은 우리의 가장 취약한 심리가 매번 발동하기 때문이다.

그러나 자신이 쉽게 빠지는 함정의 실체를 알게 되면 그 함정에서 보다 쉽게 벗어날 수 있다. 당신이 주로 어떤 생각에 가로막히는지 떠올려보라. 그리고 다음의 문항 중에서 '당신의 함정' 을 찾아보라.

나는 종종 어떤 생각에 휩싸이는가?	당신의 함정
• 부하직원의 일처리는 마음에 들지 않아 차라리 내가 직접 하는 것이 속편하다. • 동료인 김 대리보다는 내가 더 능력이 있으니 내가 먼저 승진하는 것이 옳다고 생각한다. • 이 부장은 나의 상관이지만 꼼꼼하지 못한 성격이라 언제나 내가 그의 업무 뒤처리를 해줘야 한다. • 아내는 나보다 경제관념이 흐릿하기 때문에 내가 직접 돈 관리를 해야 마음이 놓인다. • 남편이 설겆이를 하면 제대로 세제를 헹궈내지 않기 때문에 마음이 놓이지 않는다. 내가 다시 씻거나 잔소리하는 것이 귀찮아 차라리 직접 하고 만다.	내가 아니면 안 된다는 착각
• 완벽하게 일처리를 해놓지 않으면 퇴근 후에도 편하게 쉴 수 없다. • 타인에게 비판을 받는 것은 창피한 일이라고 생각한다. • 나는 영어를 완벽하게 구사하지 못한다. 그러니 계속 영어 학원에 다녀야 한다. • 나는 좋은 학교를 졸업했고 좋은 직장을 다닌다. 그러니 결혼생활이나 아이들의 양육에 실패한다면 다른 사람들보다 더 큰 비난을 받을 것이다. • 다른 사람은 몰라도 나와 나의 자녀는 완벽한 삶을 살아야 한다.	완벽주의에 대한 착각
• 세상은 도처에 위험이 도사리고 있기 때문에 조심하지 않으면 큰일이 일어날 것만 같다. • 내 능력의 한계까지 노력하지 않으면 나는 사회에서 도태될 것이다. • 나는 큰 병에 걸릴 것만 같은 불안감에 자주 시달린다. • 나는 노후가 불안하기 때문에 월수입의 1/3 정도는 연금보험에 부어야 안심이 될 것 같다. • 아이들을 자유롭게 내버려 두면 분명 나쁜 물이 들어 실패한 인생을 살게 될 것 같다는 생각이 든다.	위험에 대한 착각

• 회의 시간에 사장님이 나에 대해 부정적인 말을 했다면, 그는 내가 회사를 나가주기를 바라는 것이다. • 회의에서 내 기획안이 비판받으면 나는 내 업무 능력에 자신감이 떨어진다. • 내가 사무실에 들어서면 부하직원들은 이야기를 멈추고 자리로 돌아간다. 그들이 내 이야기를 하고 있었던 것 같다. • 친구나 가족에게서 충고를 들으면 나는 화가 난다. • 나를 비판했던 사람과는 편하게 만날 수 없다. 그가 속으로 나를 좋지 않게 보고 있다는 생각이 들기 때문이다.	비판을 확대해석하는 착각
• 나는 다른 사람의 심리를 잘 파악하는 편이라고 생각한다. • 부하직원의 행동을 보면 그가 어떤 유형의 인간인지 금방 알 수 있다. • 회사 동료들을 내 편과 내 편이 아닌 사람으로 분류해놓고 있다. • 적어도 친구와 가족들은 나를 무조건 이해해주어야 한다고 생각한다. • 내가 이해할 수 없는 행동을 하는 사람과는 관계를 유지할 수 없다.	타인이 나와 같을 거라는 착각
• 세상은 언제나 뜻대로 되지 않는다. 내 인생을 방해하는 요소들을 나는 극복할 수 없다. • 우리 조직은 엉망이다. 회복의 가능성은 없다. • 세상은 내가 원하는 대로 흘러갈 것이다. 근거는 없지만 낙관주의는 모든 것을 극복할 수 있다 • 우리 조직의 문제점을 제대로 파악할 수 없다. 그러나 무작정 기다리다 보면 상황은 나아질 것이다.	절대적 비관주의, 절대적 낙관주의

　당신의 함정을 찾았다면 이제 거기서 벗어날 방법을 생각해보자. 자신이 해당하는 사항으로 페이지를 넘겨 먼저 읽어봐도 좋을 것이다.

내가 아니면 안 된다는 착각

- 부하직원의 일처리는 마음에 들지 않아 차라리 내가 직접 하는 것이 속편하다.

- 동료인 김 대리보다는 내가 더 능력이 있으니 내가 먼저 승진하는 것이 옳다고 생각한다.

- 이 부장은 나의 상관이지만 꼼꼼하지 못한 성격이라 언제나 내가 그의 업무 뒤처리를 해 주어야 한다.

- 아내는 나보다 경제관념이 흐릿하기 때문에 내가 직접 돈 관리를 해야 마음이 놓인다.

- 남편이 설겆이를 하면 제대로 세제를 헹궈내지 않기 때문에 마음이 놓이지 않는다. 내가 다시 씻거나 잔소리하는 것이 귀찮아 차라리 직접 하고 만다.

당신이 이런 착각에 빠져 있다면 당신은 과중한 업무에 시달리다 결국 과부하에 걸리고 말 것이다. 이런 상황에 빠진 리더를 우리는 주위에서 흔히 볼 수 있다. 이런 이들은 능력은 있지만 타인에게 관대하지 못하고 히스테리컬한 상사라는 평가를 듣는다.

게다가 이런 사람은 자신에 대한 평가에는 오히려 지극히 관대한 일면을 갖고 있다. 자신이 한 잘못은 실수이지만, 타인이 한 잘못은 무능력이라는 이중잣대를 들이대는 것이다.

내가 직접 해야만 직성이 풀린다면 영원히 나의 부하직원은 실수를 만회하며 업무를 익힐 기회를 갖지 못할 것이다. 내가 직접 설겆이를 해야만 깨끗하다는 생각이라면 평생 집안일을 혼자 떠맡아야 할 것이다.

완벽주의에 대한 착각

- 완벽하게 일처리를 해놓지 않으면 퇴근 후에도 편하게 쉴 수 없다.

- 타인에게 비판을 받는 것은 창피한 일이라고 생각한다.

- 나는 영어를 완벽하게 구사하지 못한다. 그러니 계속 영어 학원에 다녀야 한다.

- 나는 좋은 학교를 졸업했고 좋은 직장을 다닌다. 그러니 결혼생활이나

  아이들의 양육에 실패한다면 다른 사람들보다 더 큰 비난을 받을 것이다.

- 다른 사람은 몰라도 나와 나의 자녀는 완벽한 삶을 살아야 한다.

일을 완벽하게 처리하는 것은 좋은 것이다. 인생을 완벽하게 꾸려가는 것도 좋은 일이다. 그러나 완벽이란 자신이 만들어놓은 환상이다. 완벽한 시간과 완벽한 공간과 완벽한 사람들이 내 주위를 둘러싸고 있는 순간이란 없다. 그리고 사실 완벽하지 않아도 세상에 큰일이

일어나지도 않는다. 오늘의 업무를 완벽하게 처리하지 못했다고 해서 그날의 저녁 시간을 모두 포기할 필요는 없는 것이다. 그런 완벽주의를 추구하다가 소중한 시간을 놓친다면 그것이 완벽한 것인가?

완벽을 추구하는 것은 창피함에 대한 두려움이다. 자신에게 허점이 있음을 들키는 것이 그렇게도 두려운가? 자신에게 완벽하지 않은 면이 있다는 것을 그대로 보여주고 도움을 청할 용기가 있다면, 일이나 인생은 두려움이나 압박이 아닌 즐거운 과정이 될 수 있다.

위험에 대한 착각

- 세상은 도처에 위험이 도사리고 있기 때문에 조심하지 않으면 큰일이 일어날 것만 같다.
- 내 능력의 한계까지 노력하지 않으면 나는 사회에서 도태될 것이다.
- 나는 큰 병에 걸릴 것만 같은 불안감에 자주 시달린다.
- 나는 노후가 불안하기 때문에 월수입의 1/3 정도는 연금보험에 부어야 안심이 될 것 같다.
- 아이들을 자유롭게 내버려 두면 분명 나쁜 물이 들어 실패한 인생을 살게 될 것 같다는 생각이 든다.

　분명 세상에는 위험이 존재한다. 많은 이들이 경제적 어려움을 겪고 있으며, 예기치 않은 사고를 당하거나 병에 걸리기도 한다. 위험을 방지하기 위해 할 수 있는 일을 하는 것은 좋은 일이다.

　그러나 우리 인간은 위험에 대해 실제보다 훨씬 더 과민반응한다는 점을 알아야 한다. 인간은 생존을 향해 진화해왔다. 생존을 위해서는 위험을 피하는 것이 상책이다. 숲속에서 호랑이를 만나 잡아먹히지 않기 위해, 천재지변에 목숨을 잃지 않기 위해 우리 인류의 조상들은 위험에 대한 정교한 방어 체계를 만들어왔다. 위험에 대해서는 실제보다 더 강렬한 두려움을 갖는 심리적인 방어 체계도 그 중 하나다.

　그것이 인류의 생존에 큰 도움이 되었다. 그러나 지금 우리는 호랑이를 만날 확률이 거의 없다. 웬만한 박테리아에는 목숨을 잃지 않는다. 그러나 우리 마음속에 자리 잡은 위험에 대한 감지 기능은 문명의 속도만큼 빠르게 진화하지는 못했다.

　우리가 위험에 대해 실제보다 더 큰 불안감을 느끼는 존재라는 것을 이해한다면 그에 대한 두려움에서 벗어나는 데 도움이 될 것이다.

비판을 확대해석하는 착각

- 회의 시간에 사장님이 나에 대해 부정적인 말을 했다면, 그는 내가 회사를 나가주기를 바라는 것이다.
- 회의에서 내 기획안이 비판받으면 나는 내 업무 능력에 자신감이 떨어진다.
- 내가 사무실에 들어서면 부하직원들은 이야기를 멈추고 자리로 돌아간다. 그들이 내 이야기를 하고 있었던 것 같다.
- 친구나 가족에게서 충고를 들으면 나는 화가 난다.
- 나를 비판했던 사람과는 편하게 만날 수 없다. 그가 속으로 나를 좋지 않게 보고 있다는 생각이 들기 때문이다.

우리는 타인의 비판에 굉장히 민감하다. 그것은 스스로에 대한 자신감이 없기 때문이다. 타인의 비판을 비판으로 받아들이지 못하는 것은 그것을 확대해석하여 내 전체를 부정당했다고 생각하기 때문이다.

그러나 이는 착각이다. 대개 사람들은 타인의 전체 인격을 비난하려는 마음까지는 갖지 않는 경우가 많다. 그러나 비판을 들은 사람은 그것을 자기 자신과 분리하지 못한다. 나의 어떠한 점이 비판받은 것인지, 내 일의 어느 부분이 비판받은 것인지를 확실히 분리할 수 있다면 비판에 대해 그렇게 예민하지 않을 수 있다.

타인이 나와 같을 거라는 착각

> • 나는 다른 사람의 심리를 잘 파악하는 편이라고 생각한다.
>
> • 부하직원의 행동을 보면 그가 어떤 유형의 인간인지 금방 알 수 있다.
>
> • 회사 동료들을 내 편과 내 편이 아닌 사람으로 분류해놓고 있다.
>
> • 적어도 친구와 가족들은 나를 무조건 이해해주어야 한다고 생각한다.
>
> • 내가 이해할 수 없는 행동을 하는 사람과는 관계를 유지할 수 없다.

타인의 행동을 이해하는 데 나의 경우와 나의 기준을 적용하는 사람들이 많다. 그렇게 하여 이해할 수 없으면 그는 내 편이 아니라고 단정짓는다. 이러한 편가르기는 타인이 나와 같을 거라는 착각에서 비롯된다.

세상에는 나와 다른 사람들이 무수히 존재한다. 나와 같지 않다고 해서 부정한다면 이 세상에는 함께할 사람이 하나도 남지 않는다. 나와 같을 거라고 생각했던 사람들도 실은 나와 같지 않기 때문이다.

나와 다른 점을 발견하고 실망하여 인간관계 자체를 무너뜨리는 것은 어리석은 짓이다. 내가 옳다는, 그래서 나와 다르면 옳지 않다는 착각에서 벗어나지 않으면 많은 이들을 포용할 수 없다.

절대적 비관주의, 절대적 낙관주의

- 세상은 언제나 뜻대로 되지 않는다. 내 인생을 방해하는 요소들을 나는 극복할 수 없다.
- 우리 조직은 엉망이다. 회복의 가능성은 없다.
- 세상은 내가 원하는 대로 흘러갈 것이다. 근거는 없지만 낙관주의는 모든 것을 극복할 수 있다.
- 우리 조직의 문제점을 제대로 파악할 수 없다. 그러나 무작정 기다리다 보면 상황은 나아질 것이다.

절대적인 비관주의, 절대적인 낙관주의는 특히 한 조직의 리더에게 매우 위험한 성향이다. 현실을 있는 그대로 파악하지 못하는 리더는 조직을 위험으로 내몬다.

비관주의자는 쉽게 포기해버린다. 낙관주의자는 문제를 덮어두고 해결하지 않는다. 그것은 모두 조직의 발전을 저해한다.

이들은 우리가 빠지기 쉬운 가장 일반적인 함정들이다. 당신은 어떤 함정에 빠져 있는가? 직장에서 혹은 가정에서 자신의 태도를 돌아보고 위에서 제시한 여섯 가지 함정에 대입해보라. 여러분이 놓치고 있는 것이 무엇인지 파악하는 데 도움이 될 것이다.

나를 돌아보기

1. 앞에서 제시한 함정들 중 자신이 가장 빠지기 쉬운 함정을 찾아보라.

2. 그런 심리적 함정이 당신에게 어떤 문제 상황을 만들었는지 생각해보라.

3. 이제 벗어날 결심을 하라. 자신에 대한 믿음을 회복하기 위해 당신은 어떤 행동을 하기로 결심했는가?

05

현실적으로 진단하기

절대로 고개를 떨구지 말라. 고개를 치켜들고 세상을 똑바로 바라보라 - 헬렌 켈러

이제 우리의 현실을 돌아보자.

무엇이 문제인가?

당신은 경제적인 압박감에 시달리고 있을지도 모른다. 점점 나이는 들어가고 경제는 회복될 기미가 보이지 않는다. 과연 이 긴 터널에서 빠져나갈 방법이 있을까? 더 나이가 들어 있을 미래에 과연 내가 언제까지 경제활동을 할 수 있을까?

당신은 인간관계의 압박감에 시달리고 있을지도 모른다. 조직 안에서 친구는 점점 줄어들고 적들만 우글댄다. 사사건건 트집을 잡는 상사와 자기 이익만 생각하는 동료, 나를 적대시하는 부하직원들 속에서 하루하루 견뎌내는 것도 힘이 든다. 이 사람들과 언제까지 함께

갈 수 있을까? 절이 싫으면 중이 떠나야 한다니 다른 직장으로 옮기는 수밖에 없는 것인가?

또 자기 능력에 대한 압박에 시달리기도 한다. 지방대학을 나온 것이 언제나 걸림돌이 된다. 꽤 높은 학력을 가지고 있다 해도, 변해가는 현실에 맞춰 꾸준히 능력을 향상시킨다는 것도 쉬운 일이 아니다. 시간이 지날수록 점점 밀려나는 기분이다.

지금껏 아무 문제 없는 이력을 쌓아온 사람이라도 추락에 대한 불안감이 들기도 한다. 일에 매진하며 살아온 것뿐인데 아내와 아이들은 점점 불만이 쌓여간다. 성공적인 인생을 살아온 내가 가정을 지키지 못하고 우리 가정이 해체될 것만 같다. 그렇다면 지금껏 쌓아온 성공은 하루아침에 물거품이 될 것이다. 나는 사람들의 비난을 듣게 될 것이다. 그렇다면 어떻게 이런 현실을 타개해 나아갈 것인가?

문제를 있는 그대로 보라

개인에 따라 특별히 압박을 받는 부분들이 있다. 그러나 우리가 가지고 있는 이러한 압박감은 대개 '나에게는 실패가 있을 수 없다' 는 생각에서 비롯된다. 성공적인 인생을 살아온 사람들일수록 사소한 문제에 부딪치는 상황을 힘들어 한다. 문제를 인정하는 것은 내 인생이 완전하지 않음을 인정하는 것이기 때문이다.

우선 문제를 인정하자. 분명 내 일에, 조직에, 가정에 문제가 있다. 그러나 그것은 전체를 부정하는 것은 아니다. 한 부분에서 혹은 서너 가지 부분에서 문제가 있다는 것을 인정하면 전체를 부정하지 않아도 된다. 문제를 인정한 후에는 그 문제 해결에 집중하면 되는 것이다.

우리는 현실에 문제점이 있다는 생각이 드는 즉시 빠져나올 수 없는 수렁에 빠진 듯한 기분이 든다. 이런 불안감은 우리를 옴짝달싹 못하게 만든다. 호랑이를 만나면 우리의 이성적인 사고는 마비되어버린다. 우리는 전신이 마비되어 아픔조차 느끼지 못하는 상태가 되어버리거나, 아니면 죽을힘을 다해 달리거나 둘 중 하나를 선택한다.

그러나 현대사회에서 이러한 사고의 마비는 문제 해결에 도움이 되지 않는다. 우리가 헤쳐나가야 할 문제들은 대개 가벼운 마음으로 천천히 풀어가야 하는 '사소한' 것들이다. 목숨이 걸린 문제가 아닌 것이다.

비판에 대한 맹신에서 벗어나라

지금껏 당신이 비난받았던 모든 말들을 되돌아보라. 타인이 당신을 비난했던 것이 무엇인가? 당신이 가진 모든 성향을 비난받아왔는가?

의외로 타인들의 비난은 한두 가지에 집중된다. 그러나 당신이 당신 자신에게 가한 비난은 전방위로 이루어졌을 것이다. 우리는 자기 자신에 대한 평가에 매우 인색하다. 머릿속에 너무도 정밀한 필터를 장착하고 있다. 경제 생활, 조직에서의 인간관계, 개인의 능력, 가정 생활 모든 것에 비판을 가한다. 그리고 그중 어느 하나라도 타인에게 비판을 받으면 자신의 모든 것이 부정당한 듯한 절망감에 휩싸인다.

아무런 비판을 받지 않는 사람이 가장 훌륭한 사람인가? 그렇지 않다. 아무런 비판을 받지 않는 사람은 아무것도 하지 않는 사람일 확률이 높다. 타인에게 영향을 미치지 않는 사람은 비판받을 거리가 없다. 누군가 당신을 비판한다면 내 인생이 누군가에게 영향을 주고 있는 것이라는 증거이다. 그리고 내가 받아들이는 것보다 훨씬 더 작은 문제일 수 있다.

타인의 비판과 나 자신에 대한 비판에 좀 더 가벼운 마음을 가질 수 있다면 문제를 해결하는 데 도움이 된다. 쓸데없는 절망감에 휩싸일 필요가 없기 때문이다.

문제에 질문하기

자, 이제 그 모든 문제들에 질문을 던져보자.

- 이 문제는 치명적인 것인가, 가벼운 것인가?

- 이 문제는 무엇에 영향을 미치는가? 나 자신의 자존심에 미치는 영향인가, 나와 타인의 삶에까지 미치는 영향인가?

- 이는 나의 습관을 고침으로써 해결할 수 있는 문제인가?

- 타인의 변화가 있어야만 해결할 수 있는 문제인가?

- 이 세상이 바뀌고 우주가 바뀌어야만 해결할 수 있는 문제인가?

이 질문들에 답을 하다 보면, 우리가 얼마나 추상적이고 비현실적인 문제들에 대해 고민하고 있는지 깨닫게 될 것이다.

불안감에 농담을 던져라

다 큰 어른들도 막연한 불안감을 갖고 있다. 어린 아이들은 엄마, 아빠가 사소한 부부싸움만 해도 마치 세상이 무너지는 듯한 불안감을 갖는다. 엄마, 아빠의 화목이 바로 자기 삶을 유지시켜주는 단단한 토대임을 본능적으로 알고 있기 때문이다.

그러나 아이가 자라나면 엄마, 아빠의 사소한 갈등은 그저 삶의 일부였음을 깨닫게 된다. 엄마, 아빠가 가끔 부부싸움을 해도 세상이 무너지지 않는다는 것을 알게 된 청소년들은 "엄마, 아빠, 그만 좀 싸워요. 애들 보기 창피하지도 않아요?"라는 농담을 건넬 수도 있을 만큼 어느새 쑥 자라난다.

성숙한 사람은 작은 일에 흔들리지 않는다. 사소한 불안감과 치명적인 문제를 구별할 줄 안다. 풀어나갈 방법이 있는 문제와 풀 수 없는 문제를 구별할 줄 안다.

방법이 있다면 그것에 집중한다. 마음속의 불안감을 한쪽에 살짝 옮겨놓은 채 건강한 삶을 유지할 수 있다. 풀리지 않는 인간관계에서 한 발 물러설 줄도 안다.

지혜로운 지휘관은 전쟁을 앞두고 부하들을 불안감에 빠뜨리지 않는다. 당신도 당신 마음의 유능한 지휘관이 될 수 있다.

절망에서 벗어나려면

1. 현실을 있는 그대로 보고, 문제를 문제로 받아들여라.

2. 비판을 받는 것을 두려워하지 말라.

3. 문제를 정확히 파악하라.

4. 불안감에서 벗어나 행동하라.

우리를 옥죄는 것들 무엇이 있나

우리는 해야 하는 일이 너무나 많다. 우리는 훌륭한 학생이 되어야 했고, 훌륭한 직원이 되어야 했으며, 이제는 훌륭한 가장에 훌륭한 리더가 되어야 한다.

이런 '해야 한다' 들이 당신을 힘들게 하고 있다. 아무리 마음을 다 잡고, 불안감을 해결하고, 문제를 해결할 방법에 집중하려 해도 주위로부터의 압박감에 우리는 금방 무너진다.

그러나 당신에게 그런 명령을 내린 사람이 누구인가? 누가 우리의 삶을 조종하는가? 당신에게 '해야 한다' 고 명령을 내린 사람은 당신 자신이 아닌가?

누구도 우리에게 명령을 할 수 없다. 성공하기로 결심한 것은 우리 자신이지 세상이 아니다. 세상이 우리를 옥죄고 꼼짝달싹하지 못하도록 온갖 성공 신화를 주입하고 그 방법을 유혹적으로 들려주며 때로는 채찍질을 하기도 했지만 우리는 그것을 물리칠 수도 있었다. 세상이 강요하는 방식이 아닌 나의 방식대로 미래를 만들어갈 힘을 가지고 있었다.

당신은 답을 알고 있다

그런데 왜 세상을 탓하는가? 당신은 이미 답을 알고 있다. 다만 실행하지 못했을 뿐이다. 조직 안에서 상사와 부하, 동료들의 한가운데서 숨막히는 답답함을 느끼는가? 부모님과 배우자, 자녀 모두 나를 이해해주지 않아 힘이 빠지는가?

당신이 가지고 있는 문제가 무엇이든 당신은 이미 그 문제의 답을 알고 있을 것이다. 혹시 아직도 모르겠다면 내가 쓰는 방법을 하나 알려주겠다.

우리는 모두 누군가와 관계를 맺으며 살아가는 존재이다. 해결의 열쇠는 그 '관계' 에 있다. 혼자서 해결하려 하면 오히려 답을 놓치게 된다.

업무가 뜻대로 되지 않는다면 일을 더 파고들어가기보다 우선 동료들과의 관계를 회복하는 것부터 시작하라. 그들에게 따뜻한 커피 한잔을 건네며 대화를 시도하라. 가벼운 날씨 이야기든, TV 프로 이야기든 공감할 만한 주제를 찾아라. 좋은 관계를 쌓아나가면 뜻하지 않은 곳에서 일이 풀린다.

사람의 머리가 활발히 돌아가려면 혼자 숙고하는 시간도 물론 필요하지만, 타인과 대화를 나누지 않으면 생각은 고정되어 한 단계를 더 나가기가 힘들어진다. 창의적인 직업을 가진 사람은 노는 시간도 매우 중요하다고 말한다. 머릿속을 가볍게 하는 시간을 갖지 않으면 좋은 것은 나오지 않는다.

당신이 마음을 가볍게 환기시키고 다시 문제에 매진할 자신만의 특별한 방법을 찾기 바란다. 그러면 빠지기 쉬운 함정들과 그로 인해 생긴 과도한 불안감에서 벗어나기가 훨씬 수월해진다.

나를 돌아보기

1. 당신은 얼마나 자주 우울감에 빠지는가? 그것의 원인은 대개 무엇인가?

2. 당신이 가진 문제를 해결할 방법이 있는 것과 없는 것으로 나눠보자.

해결 방법이 있는 문제	해결 방법이 없는 문제
·	·
·	·
·	·
·	·
·	·

3. 당신을 가장 기분 좋게 만드는 행동은 무엇인가? 그것을 적어보라.
   그리고 다음에 우울감이 찾아올 때 그 행동을 해보라.

06

지금 우리에게 필요한 것은 무엇인가?

인생에는 서두르는 것 말고도 더 많은 것이 있다 - 마하트마 간디

가평에 있는 아침고요수목원은 서울 근교에 위치해 있어 주말이면 많은 사람들이 몰려든다. 그곳에 가면 가족, 친구들과 한가롭게 산책을 즐기는 사람들이 많다. 아마도 한 주 내내 혼잡한 도시에서 바쁜 시간들을 보내다가 짬을 내어 지친 심신을 쉬고 있는 것일 것이다.

그곳에서 눈에 띄는 것은 작은 시내 옆에 쌓아놓은 돌무더기들이다. 그것은 놀러 온 사람들이 작은 돌을 하나하나 쌓아올린 것으로, 사람 키만큼이나 높게 쌓은 것들도 있다. 그렇게 높이 쌓아올린 돌탑을 보고 있노라면 그 돌들이 모두 누군가의 소망이 담겨 있는 것이겠지 하는 생각이 든다.

　　그 돌을 올려놓는 순간 사람들은 어떤 마음이었을까? 우선 자기가 올린 돌이 땅바닥으로 굴러 떨어지지 않기를 바랐을 것이고, 조그만 돌멩이 하나에 평소 마음속에 간직하고 있던 소망 하나를 담았을 것이다.

　　요즘 산을 찾는 사람들이 많다. 등산을 하다가도 이런 돌탑을 가끔 발견한다. 누군가가 깊은 산속에서도 자기의 꿈을 잊지 않고 이렇게 돌 하나를 얹어놓고 갔을 것이다. 나는 이것이 산속의 풍경을 헤치는 흉물이라는 생각이 들지 않는다. 그 소망이 얼마나 소중한 것인지가 느껴지기 때문이다.

　　그렇기 때문일까? 그런 돌탑을 보고 사람들은 함부로 발로 차지 않는다. 그저 한번 웃으며 지나가는 사람, 누군가의 꿈에 자기 소망을 하나 더 올려놓는 사람들이 있을 뿐이다.

우리의 꿈 실현

　　우리는 자기 자신의 성취를 무엇보다 중요하게 여기지만, 다른 사람의 꿈 또한 소중히 여길 줄 아는 사람들이라는 생각에 필자는 기분이 좋아진다. 다른 이의 꿈을 소중히 여길 줄 아는 사람들이 이 산을 찾는구나, 얼굴도 모르는 타인의 꿈을 지켜줄 줄 아는 소박한 이들이 이곳을 지나갔구나.

그러나 그런 우리들이 산을 내려와 다시 일상으로 돌아오면 타인을 돌아보지 않는 각박한 사람으로 변해버린다. 가정으로 돌아왔을 때, 주말이 지나고 회사로 돌아왔을 때 우리는 주위 사람들의 작은 실수도 용납하지 못하는 빡빡한 사람이 되어 있다.

누군가 자기를 건드리면 폭발해 버린다. 부하직원들의 꿈 같은 것은 관심도 없다. 내 살 길이 바쁘다.

회사에서 점점 설 자리를 잃는 기분인데 집으로 돌아왔을 때 아내가 편치 않은 심기를 보이면 화가 난다. 내 마음을 알아주는 이들은 아무도 없다. 동창회에 나가서 쭉쭉 성공가도를 달리는 친구들을 보면 주눅이 든다.

동료에게 무슨 고민이 있는지, 부하직원이 어떤 일을 하고 싶은지는 내 알 바가 아닌 것이다. 세상이 나를 갑갑하게 옥죄는데 그게 다 무슨 소용이란 말인가. 이것저것 다 돌아보기에는 당신의 업무가 너무 과중하다.

그렇다. 우리의 꿈을 실현하기 위해서는 나를 짓누르고 있는 현실로부터의 돌파구가 필요하다. 그 첫걸음은 나를 숨막히게 만드는 수많은 족쇄들의 강박과 억압으로부터 벗어나는 것이다.

주위 돌아보기

당신은 생각보다 중요한 위치를 차지하고 있는 사람이다. 언제 쫓겨날지 모르는 일개 회사원이 아니다. 당신의 기분에 주위 사람들의 기분도 밝아지고 흐려지는 중요한 사람이다. 그런 당신이 찡그리고 있는 것을 아무도 원치 않는다.

당신이 산에 올랐을 때처럼 너그러울 수 없는 것은 당신에게 너무나 과중한 압박이 있기 때문일 것이다. 잘못 헛디뎠다가는 낭떠러지로 떨어질 것 같은 위기감 때문일 것이다. 그래서 삶이 곧 전쟁이라고 말하지 않는가.

그런 위기감을 이해한다. 정말 삐끗하면 당신은 구렁텅이에 빠질 것이다. 이 세상은 그리 만만치 않다. 상사의 눈치를 보고 기분 한번 맞춰주지 못했다가 그것이 당신을 회사에서 떠나게 하는 커다란 사건의 서막이 될 수도 있다.

세상은 사실 가혹하다. 당신이 내리막길을 걷고 있을 때 당신을 도울 사람은 아무도 없다. 잘나가지 않는 사람 옆에는 동료도, 친구도 남지 않는다. 어쩌면 가족조차 떠날지 모른다. 그런 위기감을 안고 살아가야 하는 현대인들이기에 생명이 있는 존재는 다 슬프다는 말이 나오는 것인지도 모른다.

자기 자신의 리더 되기

당신이 자신을 너무 과소평가하고 있는 것은 아닌지 돌아보기 바란다. 당신 인생의 주인공은 당신이다. 당신은 자신을 리더로 생각해야 한다.

당신에게 더 많은 압박을 주기 위해서가 아니다. 더 많은 성과를 강요하기 위한 것도 아니다. 다만 당신이 당신 인생의 주인임을 알고 나면 오히려 더 편해지기 때문이다.

누군가의 밑에서 명령을 따르는 일이란 참 쉽지 않다. 상사의 말은 언제나 아리송하다. 도대체 어디다 맞춰줘야 할지 알 수 없다. 상하 체계라는 것은 사람을 눈치 보게 만든다. 내 행동 하나하나가 감시받고 있는 기분이다. 어느 누구도 자유로울 수 없다. 대리는 과장의 눈치를 보고, 과장은 부장의 눈치를 보고, 부장은 사장의 눈치를 본다. 사장은 또 고객의 눈치를 보고, 만만한 건 아랫사람뿐이다. 나의 생존을 좌우하는 위치라는 건 참으로 껄끄러운 존재다.

여기서 벗어나는 길은 내가 스스로 주인이 되는 것이다. 나가서 창업을 하라는 말이 아니다. 창업을 하고 나서 고객의 눈치를 보는 것은 상사의 눈치를 보는 것보다 더 힘들다. 자신이 리더가 되라는 것은 어느 위치에 있든 자신의 판단을 믿고 자신 있게 나가라는 뜻이다.

당신의 자신감에 단 한 가지 눈치를 봐야 할 것이 있다면, 그것은 주위 사람들이 편안한지를 돌아보는 것뿐이다. 그 외에는 어떠한 눈치도 볼 필요 없다. 당신이 결정을 내린 것이 옳다. 당신이 생각한 아이디어가 가장 뛰어나다. 그것을 믿고 나가라.

타인을 받아들이기

여유를 찾자. 산속에서 고함을 지르던 그 호기를 기억하자. 당신은 자연인이다. 당신은 결코 기계가 아니다. 누군가 당신을 힘들게 하고, 상부에서 압박이 들어오고, 후배가 치고 올라와도 당신의 존엄성을 헤칠 수 있는 사람은 아무도 없다. 그들은 그저 자신의 주장을 표현하고 있는 것일 뿐이다.

다른 사람의 주장이 모두 옳은가? 당신은 귀를 열고, 마음을 열고 타인의 말에 귀를 기울여야 한다. 타인의 꿈을 소중히 여기고, 그들의 삶을 존중해야 한다. 그러나 타인이 나의 삶을 조종하게 놔두지는 말자. 조언을 받아들이고 조율하는 것과 남의 의견을 추종하는 것은 다르다.

당신이 그들의 말에 화가 난다면 이미 마음속으로 그들의 판단을 추종하고 있다는 것이다. 스스로 정확히 판단할 수만 있다면, 당신은 "나에게 필요한 조언을 해 줘"라고 당당하게 말할 수 있다.

필요하다면 당신의 능력을 더욱 계발할 수도 있다. 그러나 이미 당신은 많은 것을 알고 있음을 기억하라. 단지 조금 더 보충할 뿐이다. 공부하는 자세를 가져라. 하지만 그것에 모두 내던지지는 마라. 운동을 하라. 그러나 연예인 같은 몸을 가질 필요는 없다.

자신의 내적인 조화를 이루는 방법을 찾아야 한다. 그리고 타인과의 조화를 이룰 방법을 찾는 것이다. 마음을 차분하게 가라앉히면 그 방법은 의외로 쉽다. 당신은 당신과 목표가 같은 사람들에 둘러싸여 살아가고 있다. 당신은 지구 건너편에서 낙타를 타고 이동하는 사람의 가족이 아니다.

당신의 가족은 당신의 삶과 많은 부분 일치하기에 당신의 가족이 되었다. 당신의 회사 사람들은 당신과 같은 업종과 같은 꿈을 가진 사람들이다. 우리 돈 벌어서 함께 잘 살아보자는 같은 목표를 가지고 있다.

우리는 작은 것에 집착하다 큰 것을 놓치곤 한다. 자연인으로 돌아갔을 때 우리는 모두 좋은 사람이지만 회사 안에서 만났을 때는 적이 된다. 사람들은 여행 중에 길벗을 만나면 그들과 공통점을 찾으려 노력한다. 상대에 대해 작은 것 하나를 알게 되어도 기쁜 마음이 든다. 그러나 회사에서는 동료들의 별난 점을 찾는 데 시간을 쏟는다. 그들과 나를 구별해야만 내 정체성이 확립된다는 듯이 말이다.

상하좌우 아우르기

나를 소중히 여기는 만큼 남을 소중히 생각하는 마음만 갖는다면 세상은 훨씬 좋은 곳이 된다. 바쁘다는 핑계로 내 앞만 바라보는 시야를 조금만 더 넓힌다면 많은 사람을 행복하게 할 수 있다.

성공하려는 목적이 무엇인가? 모두를 밟고 내 가족만 행복하기 위해선가? 함께 행복해지자는 것이 아닌가. 김 과장에게도 소중한 꿈이 있고, 이 과장에게도 자기만의 꿈이 있다. 그들도 우리와 똑같은 사람이다. 적어도 이 커다란 세상에서 나와 옷깃이 스친 사람은 특별한 인연이 있다고 하지 않는가. 특별한 인연들을 놓치지 말자. 그들을 특별하게 만드는 건 당신 자신이다.

당신이 원하는 꿈과 행복은 주위에 있다. 내가 리더라는 것을 알고 주위를 돌볼 때 우리는 특별한 삶을 만들 수 있다.

나를 돌아보기

1. 당신은 언제 자유로움과 해방감을 느끼는가? 또 당신이 가장 좋은 사람일 때는 언제인가?

2. 당신은 언제 주위 사람에게 화가 나는가? (회사에서, 가정에서, 사회에서)

3. 당신을 화나게 하는 주위 사람들을 받아들이기 위해 당신은 앞으로 어떻게 할 것인가?

2장

이젠 방법이 아니라 행동으로 승부해야 한다

01

실수 극복하기

인간은 인생의 방향을 결정할 규칙을 가지고 있어야 한다 - 존 웨인

　앞 장에서 이야기했듯이 우리는 자신에 대한 믿음에 매우 취약하며 자신에 대한 평가에 가혹하다. 사회의 높은 벽과 고정관념, 성공 신화는 우리의 본성을 뒤흔든다. 따라서 사회에서 원하는 사람이 되어 비난에서 벗어나고 싶은 바람은 매우 강렬해진다. 그리하여 자기도 모르는 사이에 우리는 욕망의 노예가 되어버린다.

　높은 욕구를 가진 사람들끼리 만났을 때 어떠한 일이 벌어지는가? 욕구는 높으나 성공의 가능성은 낮은 사회에서 우리는 끝없는 자괴감에 빠진다. 자기 자신을 믿지 못하고 실패자라는 자기인식에서 벗어나지 못한 이들은 그 좌절된 욕망을 분출할 곳을 찾을 수 없다. 청년 자살률은 극으로 치솟고, 사회에는 극악한 범죄가 횡행한다. 동물

들의 사회에서도 극심한 스트레스가 주어지면 서로를 해치거나 자기 자신을 해치는 무리가 생겨난다. 우리 사회는 극심한 스트레스에 짓눌려 있다.

이런 상황에서 우리가 원하는 행복한 가정 생활, 유기적인 조직 생활은 불가능하다. 그렇다면 어떻게 해야 할까? 함께 불행으로 내달릴 수밖에 없는 것일까? 그에 대해 다음 장을 주목하자.

착각 속에서 탈출하기

인간을 사회적인 동물이라고 한다. 우리는 능동적인 삶을 살아간다고 생각하지만 실은 많은 부분 사회의 관습적인 사고방식을 따라가며 살고 있다.

우리는 발전을 지향하는 사회에 살고 있다. 과학적 진보, 경제 발전, 첨단화된 기술은 자연스럽게 우리 머릿속에 발전적 사고를 심어 주었다. 현대인에게 발전과 성공은 일종의 신성한 믿음이 되었다.

우리의 삶을 돌아보자. 학교를 다니며 높은 스펙을 쌓고 직장에서 한 단계씩 올라가며 꾸준히 자기계발 커리큘럼을 밟는다. 성격 개조는 물론 외모 개조도 마다하지 않는다.

개인의 꾸준한 발전은 현대사회에서 가장 각광받는 것이다. 서로가 서로의 발전을 격려하며 이러한 사고방식을 강화한다.

우리는 도대체 무엇을 향해 달려가고 있는 것인가? 이런 막연한 질주에 왜 의문을 품지 않는가? 왜 그런 의문 품기를 청소년 시절에서 멈춰버리는가?

성공을 향해 달리는 것만이 성공적인 삶을 가져온다는 믿음은 혹시 우리의 착각은 아닐까? 우리는 잘못된 믿음에 정신을 빼앗겨 비판적인 사고를 마비시킨 것인지도 모른다. 우리가 바라는 성공은 지금 우리가 세뇌되어 있는 방법으로는 이룰 수 없는 것인지도 모른다.

자기계발 커리큘럼으로 정말 성격 개조에 성공하여 만족스러운 삶을 살 수 있다면 그 업계는 더 이상 설 자리가 없어진다. 이러한 업계는 사람들의 불만족으로 유지된다. 이러한 업종이 성행하는 것은 아직 세상에 만족하지 못하는 사람들이 우글대고 있다는 뜻이다.

냉정하게 돌아보기

성과주의에는 속임수가 들어 있다. 물론 개인들이 그 성과를 조금씩 나눠 가진 것은 사실이다. 그러나 이는 잠시 현실을 잊게 만드는 마약에 불과했다. 우리는 다시 더 높은 성과를 강요받으며 불만족의 쳇바퀴를 돌린다.

우리는 과감하게 썩은 나뭇가지를 잘라낸 CEO가 어떻게 위기를 극복하고 성공했는지를 알려주는 언론 보도를 보며 그들의 능력에 감탄했다. 그리고 직원들의 성취 동기를 자극하고 때에 따라서는 과감하게 직원들을 정리해고하여 기업을 살리는 잭 웰치 식 리더십을 무조건 따라 했다. 그러한 냉정함이 리더에게 요구되는 덕목이라고 믿었다.

조직원의 감원이 조직의 생존으로 이어지는 것이 당연한 생존 법칙으로 통하는 사회가 되었다. 생존이라는 절대 과제 앞에 개인들의 삶은 사소한 것이 되었다. 성공지향적인 사고방식에 마비된 개인들은 자신의 불행을 잠자코 받아들였다.

그러나 냉혹한 장군은 한두 번의 싸움에서는 성과를 낼지 모르지만, 그보다 더 큰 과제인 평화와 안보를 이뤄내기는 어렵다. 전쟁을 하지 않고 평화를 유지하는 리더가 가장 위대한 리더임을 우리는 잊고 있다.

개인들의 삶이 무너지면 사회가 무너진다. 계속 앞만 보고 달리라는 사회의 독려는 우리를 지치게 한다. 게다가 앞만 보고 달리는 것은 결코 우리의 성공을 보장해 주지 않는다.

이제 성공을 향한 질주를 멈추고 돌아보아야 한다. 과연 그것으로 어떤 성취를 이뤘는지 생각해 보라. 그저 열심히 일하는 부속품으로 살아왔던 것은 아닌가.

이 속임수를 사람들은 조금씩 눈치 채고 있다. 새로운 대안을 찾으려는 움직임도 일어나고 있다. 개인의 삶을 회복하려는 목소리가 높아지고, 인문사회적 지식을 목말라하는 사람들이 늘고 있으며, 정신적인 삶으로의 회귀를 갈망하는 이들이 생겨나고 있다.

리더십에 대한 인식도 변화하고 있다. 성과를 강요하는 일방향 리더십으로는 새로운 미래를 대비할 수 없다는 인식이 점차 커지고 있다. 성과주의에 밀려났던 개인의 행복을 다시 찾으려는 반가운 움직임이다.

스스로에게 던져야 하는 질문 무엇이 있는가?

- 내가 달리는 길이 옳은 길인가?
- 내가 믿고 있는 생각은 옳은 것인가?
- 나는 가장 나답게 살고 있는가?
- 나는 주위를 얼마나 돌아보며 사는가?

그럼 어떻게 해야 할까?

성과주의에 대한 맹목으로부터 벗어난 후 우리는 그 대안으로 무엇을 취해야 할까? 이 장에서는 그 대안에 대해 이야기하려 한다.

군대는 어느 조직보다도 상명하복의 체계가 뚜렷한 조직이다. 많은 이들이 군대는 카리스마 넘치는 리더의 명령으로 체계적이며 조직적으로 움직이는 조직이라고 생각한다. 그래서 여러분이 이 책을 읽는 이유도 필자의 오랜 군 생활에서 얻은 조직을 이끄는 노하우를 배워보려는 것인지도 모른다.

그러나 40여 년 동안 군 생활에서 내가 얻은 지혜는 위, 아래, 옆을 돌아보며 소통, 배려, 존중을 실천해야 조직의 성과와 조직원의 행복이라는 두 마리 토끼를 다 잡을 수 있다는 것이다.

인생을 성공적으로 이끌어 주는 것은 내 주위에 있는 사람들이다. 나를 성장시키는 것은 내가 쌓아놓은 스펙도, 자기계발 서적도, 성격과 외모의 개조도 아니다. 우리는 주위 사람들과 끊임없이 관계를 맺으며 영향을 주고 받으며 성장해 가는 존재이다. 공동체와의 교류 없이는 우리가 바라는 획기적인 발전은 이루어지지 않는다.

그러나 우리는 늘 인간관계에 절망해 왔다. 인자한 부모를 갖지 못해서, 좋은 선생님을 만나지 못해서, 훌륭한 상사를, 진실한 친구를 만나지 못해서 인간관계에 걸었던 기대는 이미 버린 지 오래다. 사람에게 기대할 것이 없으니 자기 자신에게 매달린다. '내가 성공하면', '나만 행복하면' 하는 생각뿐이다.

제대로 된 상사를 만나거나, 제대로 된 남편과 아내를 만나거나, 제대로 된 부모를 갖지 못했기 때문에 당신의 인생은 언제나 무언가 부족한가? '누구 때문에' 라고 생각하는 것은 당신이 그 관계의 종속자라 여기기 때문이다. 그 관계에서 자기 자신이 리더가 된다고 생각해본 적이 있는가? 그 관계를 주도하는 것이 바로 나라는 사실을 깨달은 적은 없는가?

당신은 모든 관계의 리더이다. 이에 대해서는 다음 장에서 더 자세히 다룰 것이다. 여기서는 먼저 성공의 원리가 바로 인간관계에 있음을 이해하고, 인간관계를 이끄는 기본적인 원칙들에 대해 생각해 볼 것이다. 그 원칙을 알지 못하면 실전에 적용할 수 없다. 그렇게 되면 우리는 또 실수를 반복하고 인간관계에는 실망만 가득하여 또다시 개인의 성취에만 매달리는 삶을 살게 될 것이다.

그렇다면 우리를 절망시켰던 인간관계, 그것을 회복하기 위해서는 어떠한 원칙을 가져야 하는지 생각해 보자. 그동안 우리가 알면서도 놓치고 있던 인간관계의 원리가 무엇인지 하나하나 짚어보자.

우리가 하는 변명	바꿔야 하는 말
• "나는 너무 바빠." • "남들도 다 그러니까." • "누구 때문에 할 수 없어."	→ "주위를 돌아볼 시간은 충분해." → "나는 남들이 하는 대로만 하지는 않을 거야." → "모든 원인은 나에게 있어."

하는 일마다 잘되는 인간관계의 원리를 배우자

소통

"세상의 많은 불행은 어떻게 해야 할 지 몰라서, 그리고 말하지 않고 내버려 두어서 생겨난다."

도스토예프스키가 한 말이다.

방법을 알지 못해서 막지 못하는 불행도 있지만, 서로 말하지 않고 대화를 나누지 않아서 생기는 불행도 있다.

소통은 인간관계의 첫 번째 원리이다.

소통은 모든 것의 시작이다. 우리가 누군가와의 관계를 포기하는 것은 대개 소통 불가능을 느끼면서부터다.

사춘기 딸은 갑자기 "엄마하고는 말이 안 통해!" 라고 말하며 엄마와의 소통을 거부하기 시작한다. 방문을 쾅 닫고 들어가는 횟수가 점점 많아지고 대화는 사라진다. 딸은 엄마와 소통이 불가능함을 느낀 것이다.

처음 입사했을 때는 활달하게 생활하던 직원이 어느 날부터인가 말수가 점점 줄어들고 되도록이면 상사와 마주치지 않으려 한다. 왜일까? 그는 상사와 말이 통하지 않는다는 것을 깨닫고 소통을 거부하기 때문이다.

누군가가 입을 다문다는 것은 안 좋은 징조다. 묻는 말에 단답형으로 대답하는 것은 그가 입을 닫고 마음을 닫았음을 의미한다.

이렇게 소통을 거부하게 되는 이유는 대개 상대가 자기 생각만을 강요했기 때문이다. 또는 상대가 내 생각을 무조건 거부했기 때문이다. 계속하여 커다란 벽에 막히는 기분을 느끼고 절망했기에 입을 다물게 되었을 가능성이 높다.

경험과 살아온 환경이 다른 사람들 사이에는 의견 차이가 있을 수밖에 없다. 윗사람은 아랫사람의 경험과 지식이 부족하여 좁은 시야를 가지고 있다고 생각한다. 나이가 어리더라도 나름대로의 경험과 판단 능력이 있다는 것을 인정하지 않는다. 아랫사람은 윗사람이 옛날의 사고방식을 고수한다고 생각한다. 윗사람이 가진 경험의 가치를 인정하려 하지 않는다.

나의 판단이 틀릴 리 없다는 생각은 위험하다. 상대가 아무리 나이가 어려도, 경험이 부족해도, 혹은 고리타분한 사고에 싸여 있다 해도 그와 똑같은 삶을 살아오지 않았다면 함부로 속단해서는 안 된다. 내가 틀릴 수도 있기 때문이다. 어쩌면 둘 다 틀리지 않았을 수도 있다.

일단은 '그럴 수도 있겠다' 라는 마음가짐을 가져야 한다. 나와 비슷한 사고방식을 가지고 있어도 그는 나와 똑같은 경험을 하며 살아온 사람이 아니니 말과 행동이 나와 다를 수도 있다. 그러니 일단 '그럴 수도 있어' 라고 마음 속으로 수긍해야 한다.

반대가 입에 익은 사람들이 있는데, 그런 사람은 무슨 말을 해도 "그게 아니고……" 부터 시작하기 때문에 이런 사람에게 자기 생각을 이야기하고 싶어 하는 사람은 아무도 없다. '말하지 않아도 반대할 게 뻔해' 라고 여기기 때문이다.

주위의 많은 이들과 소통이 되지 않는다는 생각이 들면 자신을 한번 돌아보기 바란다. 상대가 말 꺼내기 무섭게 반대부터 하지 않았는지 말이다. 남의 말을 들어주고 수긍해 주는 사람에게는 말 꺼내기가 쉽다. 우선은 대화가 물 흐르듯 이루어져야 소통의 가능성이 생긴다.

소통의 원리

1. 상대방이 가진 경험의 가치를 인정하라.

2. 상대방의 말과 행동에 우선 '그럴 수도 있겠다' 고 수긍하라.

3. 상대방의 말에 "그렇구나" 라는 긍정의 대답을 한 후에 자신의 의견을 보태라.

4. 상대방의 입을 열려면 내 입을 먼저 열어라.

존중

사람은 누구나 존중받고 싶은 마음을 갖고 있다. 존중은 인간관계의 두 번째 원리이다.

화장품 업계의 여왕이라고 일컬어지는 메리 케이 애시는 이런 말을 했다.

"나는 직원들을 만날 때마다 그들의 가슴에 '나는 존중받고 싶다' 라고 쓰인 목걸이를 차고 있다 생각하고 그들을 대한다."

존중하는 마음은 상대를 좋아해야 생기는 것이라고 생각하지만 실제로는 그렇지 않다. 사람은 누구나 존중받을 만한 인격체이다. 좋아하고 싫어하고는 나의 감정일 뿐이다.

사람들은 자기만의 편견을 가지고 사람들을 대한다. 사람들은 누군가를 처음 만났을 때 3초 만에 그에 대한 첫인상을 결정하고 그 인상에서 쉽게 벗어나지 못한다고 한다. 나의 감정으로 사람을 함부로 대하다가는 나중에 후회할 일이 생긴다.

타인을 존중하는 자세는 바로 자신의 인품으로 연결된다. 남을 존중할 줄 아는 것은 특별한 능력이다. 타인과는 상관없이 자기 자신의 개별성을 인정할 줄 아는 사람이 남을 존중할 수도 있다. 높은 자존심을 가진 사람이 남도 존중할 수 있는 것이다.

존중하는 자세를 가지려면 상대방의 장점을 찾을 줄 알아야 한다. 단점부터 찾는 것은 나의 모자람임을 알자. 장점을 찾고 그것을 마음속으로 칭찬할 줄 알아야 한다. 그러면 존중이 몸에 배어 훌륭한 인품으로 드러나게 된다.

타인도 나와 같은 사람임을 인정할 때 상대의 실수나 단점도 끌어안을 수 있다. 결국 여기에도 타인에 대한 인정이 필요한 것이다. 존중은 말에 드러나고, 태도에 배어난다. 내 태도에서 자연스럽게 존중하는 모습이 드러나도록 하려면 마음속으로부터 상대방을 인정해야 한다.

사람은 누구나 존중받을 만한 사람들이다. 특히 당신의 주위에 있는 사람은 존중받을 만한 사람이다. 그들이 얼마나 풍부한 감성과 선한 마음을 가진 사람인지 생각해 보라. 그리고 똑똑하고 자존심이 강한 사람들이다. 그들은 존중받을 만한 점을 많이 가지고 있다.

내 주위의 사람들부터 시작하여 타 지역에 사는 사람, 나와 다른 세대의 사람, 나와 다른 성별을 가진 사람까지 존중하는 마음으로 대할 수 있다면 더 이상 남과 나의 구분은 필요 없어진다. 그런 이들은 더 많은 사람을 품을 수 있는, 그릇이 큰 사람으로 성장할 수 있다.

존중의 원리

1. 사람은 모두 존중받을 자격이 있다고 전제하라.

2. 첫인상으로 평가를 내리지 말라.

3. 상대방의 장점을 찾아라.

4. 높임말을 쓰고 예의바르게 대하라.

배려

사람의 마음을 따뜻하게 하는 것은 상대방의 작은 배려이다. 배려는 인간관계의 세 번째 원리이다.

배려는 마음을 따뜻하게 한다. 배려는 작게 시작되지만 그 힘은 멀리 퍼진다.

"마음을 자극하는 단 하나의 사랑의 영약, 그것은 진심에서 우러나오는 배려다. 남자는 언제나 그것에 굴복하고 만다."

고대 그리스 작가 메난드로스가 한 말이다.

배려는 상대의 입장에서 생각해 보는 태도에서 자연스럽게 우러나는 것이다. 상대의 입장을 생각해 보면 함부로 행동할 수 없게 된다.

바쁜 사람일수록 타인에 대한 배려가 부족하다. 타인의 마음을 헤아려 볼 시간이 없기 때문이다. 이런 사람은 자기 삶에만 집중하는 것에서 한 템포 늦추어 천천히 갈 필요가 있다. 아무리 내 일을 잘해도 배려심이 없는 사람은 주위의 사람들을 놓친다.

내 감정에만 치우쳐서, 내 할 일에만 싸여서 타인들에 대한 배려를 놓치고 있지는 않은지 한 번씩 돌아보아야 한다. 공들여 쌓아놓은 관계가 작은 배려를 하지 못한 한 번의 실수로 무너질 수도 있다.

독일의 사상가 토마스 켐피스는 이렇게 말했다.

"우리는 남에게서 받은 마음의 상처에 즉각 반응한다. 그러나 내가 남에게 준 상처에 대해서는 느끼지 못한다."

가까운 사이일수록 배려심이 필요하다. 업무 관계로 만난 사람에게는 예의를 잘 지키고 처음 만난 사람에게는 이것저것 마음을 써주면서 늘상 함께 일하는 사람, 늘 함께 사는 가족, 늘 옆에 있는 친구들을 배려하기는 쉽지 않다. 그러나 다행히도 당신의 주위 사람들은 당신에게 온정적이다. 그동안 바쁘다는 핑계로 하지 못한 것을 지금이라도 한다면 당신을 사랑하는 그들은 금방 마음을 열어줄 것이다.

배려심도 상대의 입장을 생각하고 이해하려는 마음에서 생겨나는 것이다. 상대의 입장을 생각해 보면 무엇을 해 주어야 할 지도 생각이 난다. 내가 어떻게 해야 기뻐할 지도 알 수 있다.

이런 행동은 다음의 또 다른 배려를 낳는다. 상대에 대해 알면 알수록 배려해 줄 것이 무엇인지도 더 많이 알게 되기 때문이다.

상대가 무엇을 좋아할 지, 싫어할 지 생각해 보고 작은 배려를 실천해 보라. 그렇게 해도 상대가 마음을 열지 않거든 또 다음에 할 것을 생각해 보라. 그렇게 반복하다 보면 그 진심은 언젠가는 전달된다.

배려의 원리

1. 상대방의 입장과 처지를 생각하라.

2. 상대방에게 필요한 것이 무엇인지 찾아보라.

3. 상대방이 기뻐하는 것이 무엇인지 찾아보라.

4. 작은 것이라도 내가 먼저 실천하라.

솔선수범

타인에게 먼저 모범적인 행동을 보이는 것은 인간관계를 쉽게 풀어가는 또 하나의 열쇠이다. 이것이 인간관계의 네 번째 원리이다.

상대를 인정하고 이해하는 것이 어렵게 느껴진다면 이 네 번째 원리에 적용이 더 효과적일 지도 모른다. 내 행동을 통해 상대에게 그 향기를 전달하고 더욱 긍정적인 인간관계를 이끌어 주는 것이기 때문이다. 모범적인 모습을 보여 주면 사람들은 그런 사람에게 함부로 하지 않으려 한다. 좋은 사람이라는 인상을 주면 우선 사람들이 다가올 때부터 나를 인정해 주고 시작한다. 그러면 인간관계는 훨씬 편해진다.

남들이 싫어하는 일이 있다면 나서서 해주고, 누군가 외로운 사람이 있다면 먼저 손을 내밀어 주라. 무리와 똑같은 행동만 한다면 내 조직은 나아지지 않는다. 내가 나서서 좋은 모범을 보이며 무리를 이끌어야 한다.

한 조직의 분위기를 결정하는 힘을 가진 사람이 있다. 대개 목소리 크고 부정적인 행동을 하는 사람이 전체 분위기를 휘어잡는 것처럼 보이지만, 결국은 묵묵히 행동으로 실천하는 사람들이 조직을 움직이게 된다.

지금 내가 속해 있는 조직의 분위기가 마음에 들지 않는가? 그렇다면 그 조직에서 이탈할 생각을 하기 전에 내가 나서서 분위기를 바꾸는 시도를 해보라. 내가 속해 있는 그룹을 기분 좋은, 그래서 계속 함께 있고 싶은 그룹으로 만드는 것은 불가능하기만 한 일이 아니다.

이기적인 조직이 싫다면 내가 이타적인 모습을 먼저 보여주고, 끼리끼리 뭉치는 조직이 싫다면 내가 먼저 다른 그룹에 손을 내미는 것이다. 그래야 변화가 시작된다. 그 변화는 나로부터 시작하여 다른 사람에게 퍼져나갈 것이다.

특히 아랫사람을 대할 때 모범적인 모습을 보여주어야 한다. 아랫사람은 윗사람에게 인격과 올바른 태도를 기대한다. 인격적으로 실망을 주면 아랫사람을 끌어들이기는 어렵다.

> **솔선수범의 원리**
>
> 1. 내가 바뀌면 상대도 바뀐다는 믿음을 가져라.
>
> 2. 남들이 하기 싫어하는 일을 하라.
>
> 3. 타인에게 먼저 손을 내밀어라.
>
> 4. 한두 번에 안 되면 세 번, 네 번 시도하라.

살기 좋은 세상으로 만드는 것은 우리의 몫이다. 나의 조직이 냉정한 생존 법칙이 난무하는 곳이 되도록 만드는 것도, 살 맛 나는 조직으로 만드는 것도 모두 자기 자신임을 명심하자.

우리가 바라는 성공은 우리가 속해 있는 인간관계 속에서 함께 추구해야 원하는 대로 이루어진다. 주위를 돌아보지 않은 채 앞만 좇아 달려가서는 우리가 바라는 성공과 행복을 잡을 수 없다.

나를 돌아보기

1. 당신은 타인과 어느 정도로 의사소통을 하는 사람인지 돌아보자.

2. 당신은 주위 사람을 존중하고 배려하는가? 당신의 존중과 배려에 주위
   사람들이 어느 정도 만족하고 있다고 생각하는가?

3. 당신은 먼저 나서서 행동을 하는 사람인가? 자신의 적극성의 정도를
   돌아보자.

02

모두가 알고 있는 인간관계의 비밀은 무엇인가?

다른 사람들의 리더가 되려면 먼저 자신의 주인이 되어야 한다 - 필립 매신저

현재 당신은 어떤 위치에 있는가? 조직을 이끄는 리더의 위치인가, 아니면 리더를 따르는 위치인가?

당신 자신은 리더와는 무관한 사람이라고 생각하는가? 당신이 고위직의 간부이든, 사회에 첫발을 내딛은 사회 초년생이든, 아니면 아직 공부를 하는 학생이든 할 것 없이 모든 이들이 주위 사람들과 관계를 맺으며 살아간다.

조직의 정점에 있는 리더가 아니더라도 우리 모두는 다른 사람들과의 관계에서 자기의 책임과 권한을 행사하는 가운데, 상호간의 마찰을 줄이며 최대의 효과를 창출해야 하는 사람이다.

우리는 누구나 리더다

결국 사회적 직위나 하고 있는 일이 무엇이든 모든 사람은 상, 하, 좌, 우의 한가운데에 위치하여 이들을 이끌어나가는 중간 리더인 것이다. 우리는 원하든 원치 않든 상, 하, 좌, 우 모든 방향에서 사람들과 관계를 맺게 되며 이러한 인간관계의 그물망에서 벗어날 수 없다.

아래의 그림을 보자.

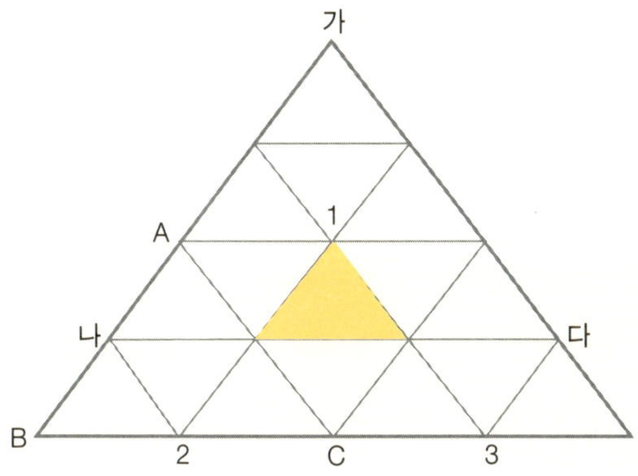

* 출처: 《나는 이런 리더가 좋다》

이는 우리의 인간관계를 표현해 주는 도형이다. 전체 삼각형 안에는 몇 개의 작은 삼각형들이 존재한다. 내가 전체 삼각형 조직에서 가운데 삼각형을 차지하고 있는 사람이라고 생각해보자.

'나' 는 전체 조직의 중간 위치를 차지하고 있다. 그런데 가 - 나 - 다 를 꼭짓점으로 하는 삼각형에서는 가장 아래에 있다. 또 1 - 2 - 3 을 잇는 삼각형에서는 가장 정점에 있다. 그리고 A - B - C 의 비공식적 조직과도 어느 정도의 관계를 맺고 있다.

우리는 모두 이러한 여러 관계를 맺으며 살아간다. 어떤 관계에서는 중간 위치를 차지하고, 어떤 관계에서는 최상급자가 되거나 가장 아래가 될 수도 있다. 이는 회사 조직이나 가정 또는 선후배들과의 관계나 동호회와 같은 비정기적인 모임에도 모두 적용할 수 있다.

어떤 이들은 상하 관계를 거부하고 편안한 친구 관계만 지속하려 하기도 한다. 그러나 선배나 부모, 그리고 상사와 교류하지 않고 어떻게 살아갈 수 있는가? 그렇다면 나의 발전도 없을 것이다.

"상하 관계는 몰라도 내가 싫어하는 어떤 동료와는 관계를 맺지 않고 무관하게 살아도 되잖아"라고 말하는 사람도 있을 것이다. 그러나 동료들과의 교류가 없으면 시야가 좁아진다.

우리가 관계 속에서 살아갈 수밖에 없다면 그 관계가 좋은 쪽으로 형성되고 주도적인 역할을 할 수 있도록 해야 할 것이다. 당신이 어느 위치에 있든 분명 누군가의 리더라는 점을 명심해야 한다.

온갖 관계에 둘러싸여 살아가는 현대인들은 그 관계의 리더가 되지 못하고 상하좌우를 압박으로 느끼며 힘들어 한다. 나는 그것이 안

타깝게 느껴진다. 내 주변을 둘러싼 사람들을 적으로 만드는 대신 내 편으로 만들 수 있다면 직장에서는 보다 능률적인 업무가 가능해지고, 가정에서는 더욱 행복한 사람이 될 수 있다.

당신을 둘러싼 관계는 압박이 아니라 오히려 당신을 행복한 삶으로 이끌어 줄 원동력이다. 인간관계 없이는 누구도 행복을 만들 수 없다. 성공 또한 마찬가지다. 성공을 만들어 주는 것도 사람들 간의 관계이다. 우리가 관계 속에서 힘들어 하고 짐으로 여기는 것은 그 관계의 리더가 되지 못하고 자신의 위치를 찾지 못했기 때문이다.

좋은 리더 = 좋은 사람

회사에서 중간 관리자인 박 과장도, 실직한 이웃집 가장 이씨도, 학교에서 환경미화 부장을 맡고 있는 김미해 학생도 모두가 리더이다.

우리는 모두 멋진 리더가 되고 싶어한다. 그러나 좋은 리더는 리더이기 이전에 좋은 사람이었다는 생각을 갖는 사람은 많지 않다. 좋은 리더가 되는 길은 먼 곳에 있는 것이 아니다. 또 누구나 될 수 있다. 좋은 리더가 될 수 있느냐 없느냐 하는 것은 그것을 깨달은 자와 깨닫지 못한 자의 차이일 뿐이다.

그렇다면 각자의 위치에서 어떤 사람이 좋은 사람일까? 좋은 사람이 되기 위한 방법은 무엇이 있으며, 좋은 리더의 자질을 갖춘 후에는 어떠한 자세로 어떤 리더십을 발휘하며 살아가야 할 것인가?

모두가 좋아하는 사람이란

모두가 좋아하는 사람은 누구인가? 백 명에게 물어도 답은 한 가지이다. "좋은 사람이 좋다!"라는 것이다.

모두가 좋아하는 사람이 되기 위해서는, 곧 좋은 사람이 되어야 하는 것이다. 주변에 있는 모든 사람이 나를 좋아하도록 만드는 것이다. 이것이 말처럼 쉽지는 않겠지만, 그렇다고 전혀 불가능한 것도 아니다. 핵심만 알고 실천한다면 말이다.

어떤 사람이 좋은 사람인가? 일반적으로 사람들은 자신에게 잘해주는 사람에게 호감을 느끼는 것이 사실이다. 그렇다면 항상 모든 사람에게 잘해주는 사람이 모두에게 좋은 사람일까? 또한 이것이 가능한 일인가?

이래도 저래도 좋다면서 전혀 싫은 내색도 못하는 사람, 상대가 서운하게 생각할까 봐 앞에서는 의사표시도 못하고 있다가 돌아서서 끙끙대는 사람을 좋은 사람이라고 할 수 있을까? 아닐 것이다. 이러한 사람은 좋은 사람이라기보다는 아무런 애정도, 주관도 없는 사람이라고 말해야 할 것이다.

생각해 보라. 어느 한쪽을 지원해 준다면 그 반대편의 사람들은 서운해할 것이고, 어느 순간 배려해 주었다면 상대적으로 소홀하게 대할 때도 있기 때문에 '모든 사람에게 좋은 사람', '나에게 항상 좋은 사람'은 절대 있을 수 없다.

그렇다면 어떤 사람이 좋은 사람일까? 여러분에게 질문한다면, 대부분 부모님, 친구, 은사라고 답할 것이다. 이런 분들이 진정으로 나를 이해해 주고 사랑해 주는 사람이기 때문이다. 당장은 귀에 거슬리는 말이라도 장래를 위해 쓴 충고를 해줄 수 있는 사람, 당장은 힘들지라도 가치 있고 올바른 길을 가르쳐 주는 사람, 바라는 것 하나 없이 무한 책임을 지고 헌신하는 사람이 직장 및 조직에서 뿐 아니라 개인적으로도 좋은 사람이 아닐까?

최근 워싱턴 포스트에서 보도한 '성공한 사람들에 관한 연구'를 보면, 성공한 사람 중에서 종교를 가진 사람이 90%였지만, 명문대를 나왔거나 부모 덕을 본 사람은 14%와 20%에 불과했다. 또한 이들은 대개 지능지수(IQ)는 보통이지만 주위 사람들에게 관용과 따뜻한 마음을 베풀었던 사람이었다고 한다. 유전적 요소나 주변 환경 요인보다는 자기 자신이 어떻게 하느냐가 성공에 더 큰 영향을 미친다는 것이다.

결국 성공한 리더, 선망의 리더는 상대에 대한 지극한 이해를 바탕으로 존중하고 배려하는 마음을 가지고 조직 구성원들과 융화하며 잘 이끌었던 사람이었다는 것을 알 수 있다.

> **좋은 사람이란?**
>
> - 주위 사람에게 따뜻하고 관용을 베푸는 사람
>
> - 때에 따라 상대에게 필요한 충고도 해줄 수 있는 사람
>
> - 책임감이 있는 사람
>
> - 소통, 존중, 배려, 솔선수범 등 인간관계의 기본적인 원칙을 지키는 사람

우리에게는 어떤 변화가 필요한가?

모든 사람이 좋아하는 '좋은 사람'이 되기 위해서 우리는 어떻게 해야 할까?

생각이 바뀌면 행동이 바뀌고, 행동이 바뀌면 습관이 바뀌며, 습관

이 바뀌면 인품까지도 바뀐다. 이것은 결국 우리의 인생을 좌우하게 된다.

가장 중요한 것은 생각의 변화이다. 우리는 어떻게 변화해야 하는지에 대한 방법을 많이 숙지해 왔다. 그에 대해서는 숱한 자기계발서들에서 많은 지침을 제시하였다. 그러나 그것을 실행에 옮기기는 쉽지 않다는 것을 우리는 경험으로 알고 있다.

방법 이전에 생각을 바꾸고 원리를 체득하면 우리는 실수에 빠지는 위험에서 벗어날 수 있다. 우리가 답을 알고 있는데도 실행하지 못했던 것은 원칙이 흔들리고 있기 때문이다.

나를 돌아보기

1. 당신이 속한 조직과 그 안에서 당신의 위치를 그림으로 그려서 표현해보자.

2. 당신이 모든 관계의 리더라는 말에 동의할 수 있는가?

3. 당신이 생각하는 좋은 사람이란 어떤 사람인가?

03

나는 어떤 유형의 사람인가 파악하기

사람들이 꿈을 이루지 못한 한 가지 이유는 그들이 생각을 바꾸지 않으면서 결과를 바꾸고 싶어하기 때문이다 - 존 맥스웰

선망의 리더가 되기 위해 우선 자신이 어떤 유형의 사람인지 알아보자. 내가 어떤 유형인지를 알면 어떤 변화를 추구해야 하는지도 파악할 수 있다.

우선 자신의 생각을 들여다 보라. 생각의 유형은 긍정적인 것과 부정적인 것으로 나눌 수 있다. 당신은 긍정적인 사고방식을 갖고 있는지, 아니면 부정적인 사고방식을 갖고 있는지?

다음으로는 자기 행동의 적극성을 살펴보라. 나는 주로 적극적으로 나서는 편인가, 아니면 소극적으로 다른 이의 행동을 기다리는 편인가? 그 결과에 따라 다음의 네 가지 유형으로 나눌 수 있다.

행동 \ 생각	긍정적	부정적
적극적	A	B
소극적	C	D

각자 자신이 어느 유형에 가까운지 판단했다면 다음의 결과를 보도록 하자.

A. 미래지향형

긍정적으로 생각하고 적극적으로 행동하는 사람은 미래지향적이며 창조적이다. 주어진 일을 처리할 때 새롭고 창의적인 방법을 강구해 내고 한 단계 멀리 내다본다. 열정을 갖고 헌신적이기 때문에 성과도 있고 조직의 발전에 크게 기여한다.

이러한 사람은 조직을 이끌어 가는 핵심 인재로서 고난과 역경을 자기 발전의 계기로 삼기 때문에 모든 사람들에게 인기가 좋으며, 항상 활기가 넘친다. 하루하루 발전된 모습을 보이며 기대에 부응하는 사람이다.

미래지향형의 특징

• 고난과 역경을 자기 발전의 계기로 삼는다.

• 일을 처리할 때 창의적인 방법을 강구한다.

• 활기가 넘치고 인기가 많다.

• 하루하루 발전된 모습을 보인다.

B. 비협조형

부정적으로 생각하고 적극적으로 행동하는 사람은 조직의 목표와는 다른 목적을 가지고 업무를 추진한다. 생계를 위해 어쩔 수 없이 원하지 않는 직업을 선택한 사람이 대표적이라 할 수 있다.

열심히 하고 있으나 일의 능률을 기대할 수 없는 수동형 인물로서, 이런 사람은 당장의 업무 처리 결과는 만족스러울 수 있으나 시간이 지날수록 자기 발전이 없고 조직의 장기적인 비전에 비협조적이다. 부정적인 방향으로만 생각하기 때문에 오히려 조직에 큰 도움이 되지 못한다.

비협조형의 특징

• 타인의 의견에 반대를 많이 하고 구성원들과 다른 방향으로 나간다.

• 주위를 돌아보지 않고 지나치게 업무에만 집중한다.

• 능력은 있지만 우울한 사람이라는 인상을 준다.

• 시간이 지날수록 조직의 발전을 저해한다.

C. 우유부단형

긍정적으로 생각하고 소극적으로 행동하는 사람은 지나치게 낙천적인 경우가 많으며 마음만 앞서는 사람이다.

무엇을 어떻게 해야 할 지는 알고 있어도 적극적으로 실천하지 않기 때문에 성과는 거의 없다. 결정을 내려야 할 때 우유부단한 태도를 보이고 업무에 차질이 생겨도 적극적으로 대처하지 못한다. 거창한 계획은 세우지만, 그 계획은 머릿속이나 책상 안에서 뒹굴다 사라져버리게 된다. 그리고 '그때 열심히 했으면 나도 이룰 수 있었다' 고 자위하는 사람이다.

'할 수 있다' 는 생각을 가지고 있지만, 이런 사람이 이룰 수 있는 것은 단지 생각 뿐이다. 도전정신이 부족하며 현실에 만족하는 경향이 크기 때문에 발전성도 없다. 이러한 태도는 조직 내의 구성원들 사이에 존재하는 갈등을 확산시키지는 않지만 조직의 발전에 도움을 주지는 못한다.

우유부단형의 특징

• 언제든 낙천적인 사람이라는 평을 듣는다.

• 거창한 계획을 세우지만 실현시키는 것은 적다.

• 조직의 갈등을 확산시키지는 않지만 큰 도움이 되지도 않는다.

• 현실에 안주하는 경향이 있어 큰 발전이 없다.

D. 정체형

마지막으로 부정적으로 생각하고 소극적으로 행동하는 사람은 자신이 해야 할 최소한의 의무도 제대로 이행하지 못하는 경우가 많다. 주어진 일만 해결하려고 하기 때문에 창의성이나 효율성을 기대하기는 힘들다.

이런 사람일수록 불평과 불만 사항을 토로할 뿐 손해를 보지 않으려 하기 때문에 조직 발전은 물론, 자기 발전의 가능성도 낮다. 심한 경우 가지고 있는 능력마저 상실할 수 있다.

　처음에는 유능해 보이다가 몇 년 후에 다시 만나보면 다른 사람들에 비해 한참 뒤쳐져 보이는 사람들이 이런 유형이다. 조직에서 필요로 하는 인재를 선발한다면 반드시 기피해야 할 유형이며 언제나 해고 0순위이다.

> **정체형의 특징**
>
> • 고난과 역경에 쉽게 절망하고 한번 쓰러지면 재기하기 어렵다.
>
> • 주어진 일만 하려 하고 창의성을 발휘하지 않는다.
>
> • 늘 불평을 말한다.
>
> • 가지고 있던 능력마저 상실한다.

　개인의 생각과 행동에 따라 일의 능률도 확연히 차이가 날 뿐 아니라 다른 사람에 의한 평가, 조직에 대한 기여도도 달라진다. 그 출발은 자신에게 있다.

1. 당신의 생각은 긍정적인가, 부정적인가?

2. 당신의 행동은 적극적인가, 소극적인가?

3. 당신의 변화의 방향은 생각과 행동 중 무엇이어야 하는가?
   혹은 둘 다인가?

04

변화의 원리 1 :
생각의 변화 — 긍정적으로

부정적인 사람은 모든 기회에서 어려움을 찾아내고, 긍정적인 사람은 모든 어려움에서 기회를 찾아낸다 - 윈스턴 처칠

나는 여러분에게 많은 것을 말하고 싶지 않다. 너무 많은 방법과 지침은 실전에서는 아무 소용이 없다. 선망의 리더로 가는 변화의 시작으로 두 가지 방향을 제시하려 한다. 바로 생각과 행동이다.

생각은 긍정적으로, 행동은 적극적으로. 이것만이 변화의 키워드이다. 긍정적인 생각이란 어떤 사실이나 생각에 대하여 '그렇다'고 인정하거나 승인하는 생각이다. 왜곡되지 않은 마음으로 사물과 사람을 바라보며 '잘될 수 있다'는 믿음을 갖는 것이 바로 긍정적 생각이다.

무슨 일이든 '잘 될 거야, 잘 할 수 있어'라고 생각하는 사람과

'안 될 거야, 못 해' 라고 부정적으로 생각하는 사람은 그 결과에서 분명히 차이가 난다. 잘 할 수 있다고 생각하는 사람은 일이 잘 되는 방법을 찾고, 잘 되는 방향으로 노력한다. 그러나 잘 안 될 거라고 생각하는 사람은 부정적인 징조만 보이면, '거 봐, 잘 안 될 거라고 했잖아' 라는 말로 자기를 합리화하고 어떠한 노력도 하지 않는다는 것이다.

마음의 안경

이것은 마음의 안경에 색칠을 하고 세상을 보는 것과 같다. 안경 렌즈에 노란색 물감을 칠하고 세상을 보면 모든 것이 노랗게 보일 것이고, 파란색을 칠하면 파랗게 보일 것이다. 사물이나 대상은 그대로이지만 우리가 끼고 있는 마음속의 안경 렌즈 색에 따라 달라 보이고, 그렇게 인식하는 것이다.

렌즈 색깔 뿐 아니라 오목렌즈인가 볼록렌즈인가에 따라서도 사물은 다르게 보인다. 사실보다 더 크게 보이게도, 작게 보이게도 하며 때로는 왜곡시켜 보이게도 한다.

우리가 어떤 생각과 마음을 가지고 보느냐에 따라 세상이 아름답게 보일 수도 있고 그렇지 않을 수도 있다. 일체유심조(一切唯心造)

라는 말처럼 사람은 자기가 생각하는 대로 말하고 행동하며, 판단하고 결정하게 된다.

가능하게 만드는 힘

긍정적인 생각은 '해보자'는 도전정신과 '할 수 있다'는 용기와 신념을 갖게 한다. 충무공 이순신 장군은 명량대첩을 앞두고 일본에 비해 초라할 정도의 수군을 갖고 있었다. 이것을 걱정하던 임금에게 그는 다음과 같은 장계를 올렸다.

"신에게는 아직 12척의 전선이 남아 있습니다. 죽기를 각오하고 싸운다면 막을 수 있습니다. 비록 전선이 적으나 신이 아직 살아 있으므로 적은 우리를 업신여기지 못할 것입니다."

이순신 장군의 이러한 긍정적인 생각은 민족의 운명과 역사를 바꿔놓았다. '아직 12척이 남아 있다', '이제 12척밖에 없다'라는 리더의 마음가짐은 나라의 명운과 전쟁의 승패까지도 좌우하는 것이다.

동화 《몽실 언니》의 저자 권정생 선생은 일본의 빈민가에서 태어나 조국으로 귀국하여 혈혈단신 무일푼으로 떠돌다가 전신 결핵이라는 병을 얻어 작은 시골마을 교회 문간방에서 종지기로 생활했다.

하지만 그는 고단한 삶 속에서도 《몽실 언니》, 《강아지 똥》 등 어린이들에게 희망을 선사하는 밝은 동화를 쓸 수 있었다. 그가 자신의 처지나 신세를 한탄하기만 했다면 감히 글을 쓴다는 생각조차 할 수 있었겠는가?

불평하지 않기

2006년 미국 슈퍼볼 MVP를 거머쥔 하인즈 워드는 1976년 3월 서울에서 주한미군이던 아버지 하인즈 워드 시니어와 어머니 김영희 씨 사이에서 태어났다.

이들 부부는 이듬해 미국으로 건너갔으나 1년 만에 이혼하고, 어머니 김씨는 접시닦이와 호텔 청소부, 식료품점 점원 등 하루에 세 가지 일을 하느라 매일 새벽 2시가 되어야 집에 돌아왔다. 그러나 김씨는 아침에 등교하는 아들의 식사 준비를 빼놓는 법이 없었다.

이런 생활 속에서도 하인즈 워드는 자신이 한국인임을 결코 부끄럽게 여기지 않았으며, 자신을 괴롭히는 모든 고난과 역경을 자신을 발전시키는 원동력으로 삼았다. 그는 "어머니를 통해 세상 일이 맘대로 돌아가지 않지만 노력하고 인내하면 결국 좋아지게 된다는 것을 깨달았다. 내가 그냥 얻은 것은 아무 것도 없다. 모든 건 열심히 노력했기에 성취할 수 있었다"라며 어머니의 격려와 뒷바라지에 모든 영광을 돌렸다.

하인즈 워드가 자신의 처지를 한탄하며 부정적으로만 생각했더라면 오늘의 그가 있을 수 있었을까? 긍정적인 생각이란 나에게 없는 것, 부족한 것, 모자란 것을 원망하거나 탓하기보다 내가 가지고 있는 것, 남들보다 잘 할 수 있는 것, 현재의 것을 감사하게 여기는 마음을 갖는 것이다.

행복의 조건이란

'행복'이라는 주제로 사람이 행복해질 수 있게 하는 과정을 그린 TV 다큐멘터리를 본 기억이 있다.

방송에 나온 한 청년은 다니는 직장이 없어 자신이 전혀 행복하지 않다고 생각하고 있었다. 그러나 행복 찾기의 방법으로 하루에 한 번씩 웃기, 이웃에게 인사하는 습관 기르기, 감사 일기 쓰기 등의 긍정적인 마인드를 갖고자 노력했다.

그 결과 청년은 자신의 행복감을 높이게 되었고 밝은 표정과 긍정적인 마음으로 직장도 구하게 되었다. 행복을 찾으려는 노력을 하기 전의 행복 수치는 5에 불과했지만, 행복 찾기를 시작한 후에는 65까지 올라갔다.

또 다른 일화도 있다. 미국의 루스벨트 대통령은 임기 말에 관절염을 앓아 휠체어를 타게 되었다. 하루는 휠체어에 앉아 있던 그가 아내 앨리너에게 농담을 던졌다.

"불구인 나를 아직도 사랑하오?"

루스벨트의 말에 앨리너는 이렇게 대답했다.

"내가 당신의 다리만 사랑했나요?"

앨리너 루스벨트의 재치 있는 대답은 긍정적인 생각을 묘사한 에피소드로도 유명하다. 그녀는 역대 퍼스트레이디 중 가장 호감 가는 여성으로 꼽힌다. 앨리너는 항상 맑고 밝은 표정으로 주위 사람들을 즐겁게 해 주었다.

이런 앨리너가 열 살 때 고아가 되었다는 사실을 아는 사람은 거의 없다. 그녀는 끼니를 잇기 위해 끊임없이 일을 해야 했으며, 돈을 '땀과 눈물의 종잇조각'이라고 부를 정도로 혹독한 소녀 시절을 보냈다. 그러나 그녀에게는 남들이 갖지 못한 소중한 재산, 즉 긍정적인 인생관이 있었다. 이러한 긍정의 힘은 그녀를 항상 행복하게 만들었고 결국 퍼스트레이디의 자리까지 올려놓은 것이다.

꿀과 독, 무엇을 만들까?

신이 행복을 만들어 놓고 인간이 찾지 못하도록 숨겨놓은 곳이 사람의 마음이라는 말이 있다. 현명한 사람은 자신의 마음 속에 감추어진 행복을 찾아낸다. 그러나 어떤 이들은 엉뚱한 다른 곳에서 행복을 찾는다. 내 마음 속에 감추어진 행복을 찾는 비밀의 열쇠는 바로 긍정적인 생각이다.

영국 속담에 "같은 물을 마시고도 꿀벌은 꿀을 만들지만, 뱀은 독을 만든다"고 했다. 희망과 긍정이라는 꿀을 만들 것인가, 아니면 절망과 부정이라는 독을 만들 것인가는 자신의 의지에 달려 있다.

스티비 원더의 긍정의 힘

1950년대 미국 미시간 주의 가난한 집에서 조산아로 태어난 흑인 소년은 미숙아 망막증을 앓아 실명하고 말았다. 이러한 소년이 할 수 있는 일이라고는 주전자 손잡이를 만드는 것뿐이었다.

어느 날 학교 수업 중에 쥐가 한 마리 나타났다 순식간에 사라져버렸다. 선생님은 소년에게 쥐가 어디 있는지 물었다. 예민한 청각을 가진 소년은 이내 쥐가 있는 곳을 알아냈다. 선생님은 "넌 어떤 아이도 갖지 못한 특별한 청각을 가졌구나"라고 말했다.

소년은 눈이 보이지 않는 자신의 단점보다는 뛰어난 청각을 가졌다는 자신의 장점에 주목하는 방법을 조금씩 깨달아갔다. 소년은 무료함을 달래기 위해 숟가락을 두들기며 리듬을 타다가 자신에게 음악적 감각과 열정이 있다는 것을 알았다. 그는 청각에 의지하여 음악가의 길을 걸었고 마침내 세계적인 가수가 되었다.

그의 음악은 항상 희망을 노래하고 즐겁고 경쾌하여 만인의 사랑을 받았다. 그의 노래에서 묻어나는 긍정과 기쁨은 지금까지도 많은 이들의 마음을 위로하고 있다.

Tip ! 긍정적인 생각을 하면 나타나는 다섯가지 효과

첫째, '할 수 있다' 는 신념과 용기이다. 남아공의 의족 스프린터 오스카 피스토리우스는의족을 달고도 대구세계육상선수권과 최근 2회의 올림픽에서 일반인보다 빠른 육상선수로 활약하고 있다.

둘째, 자기 자신을 자랑스러워 하는 마음이다. 런던올림픽 체조 금메달리스트 양학선 선수는 비닐하우스에 사는 어려운 가정환경 때문에 취재를 꺼리던 어머니를 "아들이 자랑스러운 것이지 사는 곳은 중요하지 않다" 며 설득했다.

셋째, 불평 대신 있는 것에 감사하는 마음이다. 팔다리가 없이 태어난 닉 부이치치는 자신의 삶을 비관하지 않고 세계를 돌며 '희망전도사' 로 활동하고 있다.

넷째, 실패를 뛰어넘는 마음이다. 발명왕 에디슨은 무수한 실패를 딛고 전구 발명에 성공한 후 "천 번을 실패한 것이 아니라 전구가 될 수 없는 천 가지 방법을 발견한 것" 이라는 말로 실패를 성공으로 바꾸었다.

다섯째, 배려하고 포용하는 마음이다. 독단적인 성격의 스티브 잡스는 자신과 정반대의 성격이지만 탁월한 관리능력을 가진 팀 쿡을 부사장으로 기용해 애플을 세계적인 IT기업으로 키워냈다.

05

변화의 원리 2 : 행동의 변화 — 적극적으로

인간에게는 의식적인 노력으로 자신의 삶을 높일 능력이 분명히 있다는 것보다 더 용기를 주는 사실은 없다 - 헨리 데이비드 소로

   좋은 리더, 좋은 사람을 향한 두 번째 변화의 방향은 적극적 행동이다. 적극적 행동은 자기가 잘났다고 나서는 행동이 아니라, 해야할 일이 있을 때 피하지 않고 뛰어드는 것이다. 적극성이 결여된 사람은 행동하지 못한다. 항상 말 뿐인 이들을 사람들은 좋아하지 않는다. 말은 누구나 할 수 있다. 그러나 힘든 일에 발벗고 나서는 것은 아무나 할 수 없다. 그렇기에 그런 적극적인 사람이 환영받는 것이다.

   젊은 청년이 있었다. 그 청년은 같은 마을에 사는 한 처녀를 마음에 두고 사랑하고 있었다. 소심한 성격의 청년은 그 처녀에게 매일같이 꽃을 배달시켰다. 누가 보내는 것인지 궁금하게 만든 다음 멋지고

로맨틱한 프러포즈를 할 생각이었다. 그러나 좀처럼 고백할 용기가 나지 않았다. 그렇게 시간은 흘러갔다. 어느 날 꽃을 배달해 주던 택배기사가 청년에게 청첩장을 내밀었다. 청첩장을 펼쳐본 청년은 깜짝 놀라고 말았다. 택배기사와 결혼할 신부는 자신이 사랑하던 그 처녀였던 것이다. 행동의 중요성을 일깨워 주는 일화다.

누구나 좋아하는 '선망의 리더'가 되기 위한 또 하나의 키워드는 적극적 행동이다. 아무리 좋은 아이디어와 계획이 있어도 실행에 옮기지 않는다면 무의미하기 때문이다. 적극적 행동이란 긍정적 생각을 행동으로 실천하는 것이다. 해야 할 일이 있을 때 피하거나 미루지 않고 적극적으로 하는 행동이다. 어떻게 행동하는가에 따라 그 열매가 결정된다. 적극적으로 행동하면 풍성한 열매를 맺지만, 소극적으로 행동하면 부실한 열매가 열린다.

누군가가 할 일이면 내가

이는 자신감과 자기희생이 있어야 할 수 있는 일이다.

사람들이 일하는 유형은 크게 세 가지로 나누어 볼 수 있다. 첫 번째 유형인 '회피형'은 내게 주어진 임무가 타인이나 부서와 조금이라도 관련되면 자기 업무가 아니라고 우긴다. 두 번째 '대충대충형' 은 상급자의 지시에 의해 마지못해 하긴 하지만 적당히 한다. 세 번째 '적극형' 은 해 보겠다는 자세로 두 팔 걷어붙이고 달려들어 완벽하게 처리해 낸다. 어떤 사람이 선망의 대상인지는 자명하다.

물론 업무를 적극적으로 추진하다 보면 힘들기도 하고 신경 쓸 일도 많다. 그러나 이로 인해 자신에게 돌아오는 우호적인 평가나 스스로 느끼는 만족감은 수고스러움에 비할 바가 못 된다. 또 리더의 자리에 있는 사람이 적극추진형이면 부하직원 또한 상사의 업무 스타일에 맞추어 그대로 닮아간다. 그런 이들은 자신감을 키워갈 수 있고, 과업의 핵심을 파악하는 능력과 통찰력이 발전하여 누구보다 성공적으로 임무를 완수할 수 있다. 이것이 적극적 행동의 효과다. 또한 적극적으로 행동하면 주위에서 생길 수 있는 크고 작은 갈등도 쉽게 해결할 수 있다. 적극적으로 행동하는 사람은 열의에 가득 차 있다. 이러한 열의는 얼굴 표정에서부터 나타나며 사람들은 열의를 가진 사람에게 호감을 느끼게 된다.

내가 먼저 하는 것의 장점

- 주변의 우호적인 평가와 스스로 만족감을 얻을 수 있다.
- 아랫사람의 적극적인 행동을 이끌 수 있다.
- 크고 작은 갈등을 해결할 수 있다.

언젠가 할 일이면 바로 지금

어느 책 구절에서 "인생에 있어 가장 먼 거리는 머리에서 가슴을 통해 손발로 이어지는 길" 이라고 했다.

그만큼 생각은 있어도 "다음에, 내일부터, 이것만 해결되면…" 같은 망설임과 핑계거리는 적극적 행동을 가로막는 걸림돌인 것이다. 영국의 극작가 버나드 쇼의 "우물쭈물 하다가 내 이럴 줄 알았지" 라는 묘비명의 글귀는 시사하는 바가 크다.

아무리 좋은 계획과 방안이 있어도 실행하지 않는다면 그것은 무의미하다.

또한 이론적으로 아무리 좋고, 또 획기적이라 하더라도 이를 실천하지 않으면 논의하지 않음만 못하다. 논의한 시간과 기대만큼 손해이기 때문이다.

지금 하는 것의 장점

• 일을 실현시킨다.

• 다음의 일을 준비할 수 있다.

• 조직을 원활하게 이끈다·

해야 할 일이면 최선을 다해서 하기

자신이 수행한 일의 결과에 스스로 만족하지 못하거나 타인의 비난을 받을 때가 있다. 최선을 다했지만 능력이 부족했다면 후회는 없을 것이다. 그러나 최선을 다하지 않았다면?

내가 최선을 다하지 않고 작성한 기획서를 상사가 들고 나와 동료나 후배 앞에서 혹평을 하는 경우를 생각해 보자. 그리고 동일한 임무를 다른 동료나 후배에게 넘겨주는 것이다. 이는 너무나 충격적이고 자존심 상하는 일이다. 조금만 더 신경 썼더라면 그런 일은 없었을 것이다. 조직생활을 하다 보면 업무를 완결하지 못해 다른 사람이 대신 마무리를 하게 만드는 사람을 종종 보게 된다. 자기 몫의 업무에 최선을 다하지 않음으로 인해 자신은 물론 조직에 해(害)를 끼치는 사람이다.

반드시 해야 할 일이라면 최선을 다해 열정적으로 하자. 그러지 않으면 한번 떨어진 신뢰를 회복하기 위해 더 큰 대가를 치르게 된다.

조셉 주란의 품질비용 이론

세계적인 품질 전문가인 조셉 주란은 품질비용 이론을 내놓았다. 어떤 문제점을 해결하고 좋은 품질을 확보하기 위한 품질비용에는 예방 비용, 평가 비용, 실패 비용이 발생한다. 이 세 가지 비용의 상대적인 비율을 '1 : 10 : 100' 이다.

> 예방 비용 : 1
> 평가 비용 : 10
> 실패 비용 : 100
>
> 처음에 일이 잘될 수 있도록 준비하는 예방 비용이 1이라면, 일을 추진할 때 검사하고 평가하여 문제점을 찾아내고 대책을 마련하는 평가 비용은 10이며, 문제가 발생한 후 이를 복구하고 손실을 최소화하기 위해 필요한 실패 비용은 100이다. 뒤늦게 문제를 복구하려면 백 배의 수고가 들어가는 것이다.

모든 일을 추진할 때 처음부터 일이 계획대로 될 수 있도록 최선의 '예방 비용'을 투입한다면 일의 결과가 불만족스러워 다시 해야 하는 어리석음을 범하지 않을 수 있다. 1의 노력으로 스스로 성취감을 얻고 타인에게 신뢰를 받을 수 있는데도 그러한 노력을 게을리하여 신뢰를 저버리고 실추된 신뢰를 회복하기 위해 100의 노력을 들여야 한다면 이는 얼마나 안타까운 일인가?

천재 과학자 아인슈타인은 "정신병자란 똑같은 방법을 반복하면서 다른 결과가 나오기를 기대하는 사람"이라고 했다. 노력하지 않고 살아가면서 현재보다 나은 미래가 있을 수도 없고, 그런 요행을 꿈꾸어서도 안 될 것이다.

최선을 다하는 것의 장점

- 신뢰를 얻을 수 있다.

- 스스로 성취감을 얻는다.

- 일을 다시 하거나 신뢰를 회복하는 수고를 덜 수 있다.

나를 돌아보기

1. 당신은 남들이 힘들어하는 일을 누구보다도 먼저 나서서 해본 적이 있는가?

2. 당신은 해결을 미루지 않고 지금 당장 행동으로 옮기는 사람인가?

3. 당신은 얼마나 완벽하게 일을 처리하는가?

06

우리가 얻게 될 것들은

신은 우리가 성공할 것을 요구하지 않는다. 우리가 노력할 것을 요구할 뿐이다
- 마더 테레사

긍정적인 생각과 적극적인 행동은 누구나 좋아하는 사람이 될 수 있는 마법의 키워드이다. 그렇다면 긍정적 생각과 적극적 행동이 무엇을 가져다 준다는 것일까?

그것은 바로 다음의 다섯가지 열매이다. 열정, 감사하는 마음, 도전정신, 포용력, 청렴. 이 다섯가지 덕목은 긍정적인 생각과 적극적인 행동을 통해 맺을 수 있는 열매이자, 당신이 훌륭한 리더로 탈바꿈하기 위한 필수적인 영양소이다.

'열정'은 리더 자신에게만 머물러 있는 것이 아니라 외부로 표출되면서 많은 사람들을 그 열정에 동참하고 싶도록 만든다. '감사'는

동료들의 자존감을 높여주고 조직에 대한 헌신을 이끌어 낸다. '도전정신'은 조직의 미래를 위해 창의적인 비전을 제시해주고 실현시켜나갈 계기를 마련해 준다. '포용력'은 리더의 통솔 과정에서 일어나는 구성원들 사이의 마찰이나 실수 등으로 인해 발생하는 난관을 극복할 힘을 준다. 청렴은 리더로 하여금 떳떳하고 당당하게 자신의 소신과 철학을 추구할 수 있게 만들어 준다.

열정적인 사람

열정의 사전적 의미는 "어떤 목표라도 달성할 수 있게 하는 강력한 원동력"이다. 열정은 남다른 신념과 용기로 극한 상황을 극복해 나가는 힘으로서, 전염성이 강하고 적극성을 유발한다. 특히 지도자의 열정은 아랫사람을 끌어들이는 매력이 된다.

열정이 있는 사람은 무엇이든 즐겁게 하기 때문에 힘들다는 생각을 하지 않는다. 똑같은 산을 오르더라도 행군을 할 때와 사랑하는 사람과 함께 손을 잡고 등산할 때를 비교해보라. 애인의 손을 잡고 가는 사람이 힘들고 고통스럽다고 느끼겠는가?

열정은 쉽게 전염된다. 2002년 한·일 월드컵때 서울 시청 앞에서

울려 퍼졌던 붉은 악마의 함성을 떠올려보자. '대~한민국' 의 박자와 음정은 고스란히 전국을 너머 해외에까지 번져나갔다. 그때의 우리 열정을 떠올려보면 열정이란 얼마나 쉽게 전염되는 것인지 알 수 있다.

열정은 인생을 성공으로 이끈다. 열정 없이 성공한 사람은 지금껏 없었고, 앞으로도 없을 것이다. 열정이 있으면 우리는 흥미를 느끼고, 업무를 지속할 수 있으며, 그 과정에서 더욱 발전한다.

열정은 그 자신에게만 머물러 있는 것이 아니라, 외부로 표출되면서 많은 사람들을 그 열정에 동참하고 싶도록 만든다.

문제아에서 월드스타로, 가수 싸이

'싸이 신드롬' 이 전 세계를 강타했다. 그의 노래 '강남스타일' 은 2012년 최고의 뮤직으로 등극했다. 뮤직비디오는 8억 365만 건을 넘어선 후 유튜브 사상 최대의 조회수를 연일 갱신하는 중이며, 원작을 패러디한 UCC가 끊임없이 만들어지고 흥겨운 말춤은 어린 아이부터 어른까지 모두의 국민체조가 됐다.

그는 사실 군대와는 악연이다. 대체복무 부실판정으로 남들은 한 번도 힘들어하는 군에 두 번 입소해 군번이 두 개다. 그 과정에서 가수인생 최대위기를 맞았던 그가 아픔을 딛고 일어나 월드스타로 우뚝 섰다. 그는 여전히 바쁜 일정에도 군 위문공연을 다니고 출연료를 장병들에게 되돌려주는 등 누구보다 군을 사랑하는 서포터즈로 변모해 '그런 반전 있는 사나이' 가 됐다.

그를 다시 일으켜 세워 준 힘은 다름 아닌 열정이었다. 아버지의 강한 반대에도 불구하고 오로지 좋아하는 음악에 대한 열정 하나로 승부수를 띄웠다. 처음엔 남과 다른 독특한 그의 음악스타일은 비주류에 불과했지만, 결국 그는 열정적으로 자신만의 음악세계를 오롯이 완성해 대한민국 국민은 물론 세계인을 자신의 팬으로 만들었다.

감사할 줄 아는 사람

감사는 타인과 함께 관계를 맺어 나가고 살아가는 방식인 동시에 자신을 낮추고 타인을 존중하는 겸양의 자세이기도 하다.

사람들은 항상 누군가와 함께 살아가면서도 곁에 있는 이들이 얼마나 소중한지 깨닫지 못하는 경우가 많다. 그렇다 보니 서로에게 소홀하게 되고 상처를 주다가 그 사람이 떠나간 뒤에야 얼마나 소중한 존재였는지를 깨닫고 후회하게 된다.

감사의 마음으로 타인을 대한다는 것은 자신을 돌아보고 자기가 갖추지 못한 능력을 갖춘 이를 존중하는 자세를 의미하기도 한다. 내가 하지 못한 일을 해주는 동료의 노력과 능력에 고마움을 느끼면, 그런 상대방에게 도움이 되고자 나도 더욱 적극적으로 행동하게 된다.

이러한 자세는 마음에서 마음으로, 사람에서 사람으로 전해져 조직을 더 바람직한 방향으로 이끈다.

황정민의 감동적인 수상 소감

제26회 청룡영화상에서 남우주연상을 차지한 영화배우 황정민의 수상 소감은 감사의 마음이 어떠한 것인지를 잘 보여준다.

"사람들에게 일개 배우 나부랭이라고 나를 소개합니다. 60여 명의 스태프들이 차려놓은 밥상에서 나는 그저 맛있게 먹기만 하면 되기 때문입니다. 저만 스포트라이트를 받아 죄송합니다. 저는 트로피에 조각된 여자 발가락 몇 개만 떼어 가도 좋을 것 같습니다."

그의 수상 소감은 재미있는 비유도 돋보였지만, 주위 사람에게 감사하는 마음을 가진 그의 진심이 보였기에 더욱 기억에 남는다.

도전정신을 지닌 사람

도전하는 사람은 보통 사람들이 쉽게 느끼지 못하는 변화의 필요성과 가능성을 발견해 낸다. 그리고 모두들 변화가 필요하다고 생각해도 실천으로 옮기지 못하고 있을 때 과감히 실행하고자 노력한다.

도전정신은 조직 전반에 신선한 활력을 제공하고 변화하는 환경 속에서 조직이 살아남을 수 있는 길을 제시해 준다. 조직이 나아가야 할 방향에 대한 장기적인 비전을 구상하고 그것을 이뤄나갈 방법들을 모색해 내기도 한다.

이런 도전정신은 장기적인 조직 목표 뿐 아니라 단기적인 업무 처리 과정에서도 반드시 필요하다. 무슨 일을 하든 누구나 시행착오와 오류, 작업 조건 악화, 생각 및 계획의 변경 등 예기치 못한 상황을 겪기 마련이다. 이럴 때 도전정신은 위기를 극복할 수 있는 힘과 용기를 주고 또 다른 방법을 착안하고 시행하도록 하여 결국 어려움을 이겨낼 수 있게 한다.

진정한 도전정신에는 창의력이 포함되어 있다. 불굴의 투지로 도전하면서 나날이 더 나은 방안을 모색하고 고난과 역경을 헤쳐나갈 수 있는 방법을 찾는 것, 이를 바탕으로 원하는 목표를 달성하도록 하는 힘이 창의력이다.

새로운 조직이나 미래에 대한 발상, 발전 방안, 난관을 극복할 대안 등은 창의력 없이는 나오지 않는 것이다. 과거의 방식으로 어느 정도 유지해 갈 수는 있겠지만 어려운 상황을 극복하기는 힘들다. 그리고 과거와는 다른 차원에서 조직의 전환기를 준비하고자 할 때 과거의 틀을 그대로 가져온다는 것은 무의미하다. 새로운 시각으로 바라보는 사고의 전환과 형식의 틀을 깨는 과감한 착상이 보다 발전된 결과를 가져온다.

콜럼버스의 과감한 착상

콜럼버스가 아메리카 신대륙을 발견하고 귀국했을 때 그를 시기한 사람들은 이렇게 비웃었다.

"배를 타고 그냥 앞으로 나가기만 한 건데 영웅은 무슨!'

이들 앞에서 콜럼버스는 이런 질문을 던졌다.

"여러분 중 누구든 이 달걀을 책상 위에 세워보십시오. 한 사람이라도 성공한다면 제가 세운 공이 아무것도 아니라고 인정하겠습니다."

사람들은 너도 나도 나서서 달걀을 세워보려 하였다. 그러나 동그란 달걀은 절대로 똑바로 서지 않았다.

콜럼버스는 앞으로 나가 달걀의 한 부분을 탁 깨뜨렸다. 그리고 보란 듯이 책상 위에 세로로 세워놓았다. 사람들이 아우성쳤다.

"달걀을 깨뜨려서는 누가 못 세우나?"

콜럼버스는 말했다.

"내가 언제 달걀을 깨뜨리지 말라고 한 적이 있습니까?"

콜럼버스의 이 일화는 도전정신이 무엇인지를 잘 보여준다. 콜럼버스가 한 일은 그저 배를 타고 간 것뿐이다. 그러나 도전정신이 없는 다른 이들은 배를 저어 나갈 생각을 하지 않았다.

포용할 줄 아는 사람

포용이란 타인을 너그럽게 감싸주거나 받아들이는 것이다. 누군가를 감싸주고 받아들인다는 것은 그 사람에 대한 애정과 신뢰를 가지고 있다는 것이며, 상대방을 이해하려는 노력이 포함되어 있는 것이다.

활발한 사회 생활과 원만한 인간관계를 유지하기 위해서 꼭 필요한 것이 포용력이다. 사람들이 모든 일을 잘 할 수만은 없다. 또 모든 일이 계획대로만 이루어지는 것도 아니다. 그러나 실수와 잘못에 언제나 질책을 가한다면 좋은 인간관계는 깨지게 된다. 종종 수용과 이해가 더 좋은 결과로 이어진다.

나와 다른 생각을 가진 사람을 만나기도 한다. 내 생각에는 전혀 사리에 맞지 않는 의견을 내는 사람도 있고 반대를 위한 반대를 하는 것 같은 사람도 있다. 이럴 때 터무니없는 의견이라며 무시하지 말고 이성적으로 듣고 자신에게 고칠 점이 있지는 않은지 돌아보아야 한다.

때로는 나와 의견이 맞지 않는 사람까지 감싸안는 것이 포용력이다. 이런 사람은 주위 사람들을 하나로 만드는 큰 축이 된다.

청렴한 사람

청렴의 사전적 의미는 성품과 행실이 높고 맑으며 탐욕이 없음을 뜻하고 있다. 즉 청렴한 사람은 자신의 이익만을 추구하거나 남을 속이지 않는 깨끗한 사람을 말한다고 볼 수 있다.

청렴과 바람직한 공직자의 자세에서 항상 회자(膾炙)되고 있는 것이 바로 다산정신이다. 왜 우리는 반세기가 지난 지금까지도 다산의 목민관에 대한 마음가짐, 즉 목민심서를 공직자의 귀감으로 삼고 있을까?

다산 선생은 전라도 강진에서 18년 동안 유배생활을 하며 후진을 양성하고 실학을 집대성하고 공직자들이 지켜야 할 윤리, 애민(愛民)정신으로 능력과 분수를 지키고 청렴과 절검(節儉)을 생활신조로 명예와 부를 탐하지 말고 뇌물을 절대로 받지 말아야 하며 백성에 대한 봉사정신을 기본으로 삼아야 한다고 강조했다.

다산이 지은 목민심서에는 '염자안염 지자이염(廉者安廉 智者利廉)' 이란 구절이 있다. 청렴한 사람은 청렴한 것에 편안하고 지혜로운 사람은 청렴을 이롭게 여긴다는 말이다.

자신의 욕심만을 채우며 살아가다 보면 만족스럽지 못한 삶을 살게 된다. 자신의 욕심을 채우면 더 큰 욕심이 생기는건 어쩔 수 없는 사람의 심리이기 때문이다.

 긍정적으로 생각하고 적극적인 행동으로 하루하루를 살아 보라. 스스로 정정당당한 인생으로 사는 길을 선택할 것이고 청렴하지 않으면 남 앞에 나서는 것이 두렵다는 것을 깨닫게 될 것이다.

3장

모두를 내 편으로
만드는 리더십의 사이클

01

조직의 변화 : 4방향 소통 실천하기

리더십은 테크닉이 아니라 마음이다 - 에이브러햄 링컨

리더십이란 리더가 조직의 목표를 달성하기 위하여 구성원들로 하여금 자발적으로 조직의 활동에 참여하도록 만드는 능력 또는 그러한 능력을 발휘하는 과정이다.

현재 통용되는 리더십의 정의만도 1800여 개에 이른다. 셀프 리더십, 팀 리더십, 서번트 리더십, 코칭 리더십, 감성 리더십, 창조 리더십 등 여러 가지 명칭으로 제시되며 우리에게 필요한 조언들을 해주고 있다.

그러나 이러한 조언들은 모두 조직의 정점에 있는 한 사람에게 집중되어 있다. 팀의 리더, 회사의 리더, 사회의 리더에게 모든 짐을 지우고 다른 이들은 그들의 처분만 기다리는 입장으로 가정하고 있다.

CEO만 리더십에 정통하면 된다는 생각은 다른 구성원에게 리더십이 불필요하다는 오해를 낳는다. 그러나 시각을 바꾸어 보면 어느 위치에 있는 사람이든 누군가의 리더이다. 이런 상하좌우의 유기적인 관계를 이해하지 못하면 우리는 언제까지나 수동적인 자세에서 벗어나지 못한다. 모든 구성원이 각자의 자리에서 리더십을 실천하지 않는다면 조화로운 발전은 불가능하다.

전통적인 리더십의 개념은 무엇이었나?

과거의 리더십은 조직의 정점에 위치한 리더가 부하들에게 일방적으로 지시를 내림으로써 조직을 이끌고, 리더가 정한 목표를 향해 일사불란하게 움직이는 것을 목표로 했다. 때문에 이런 리더십을 갖춘 조직은 수많은 실오라기들이 하나의 튼튼한 동아줄이 되기 위해 서로 일사불란하게 엮이는 것과 같았다.

조직의 목표를 달성하기 위해 개인이 희생하는 것은 당연한 것으로 받아들여졌다. 이러한 조직에서 매력적인 리더는 곧 다재다능하고 카리스마 넘치는 리더와 동일시되었다. 리더는 자신의 직감에 따라 목표를 설정하고 일방적으로 지시하며, 이에 따르지 않는 부하직원들에 대해서는 가차없이 권력을 행사하면 되었다. 리더가 설정한 목표에 반하는 의견은 용납될 수도, 묵인할 수도 없었다.

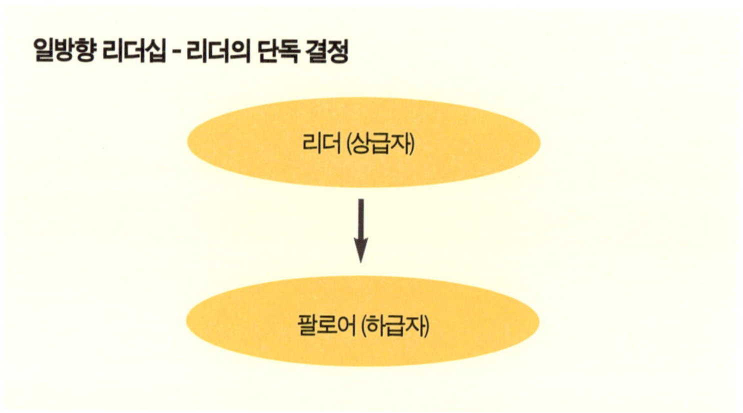

리더는 리더로서의 자질과 능력을 타고난다고 생각했으며, 그러한 카리스마를 가진 리더가 환영받았다. 리더는 단독 결정을 내렸다.

이것이 아랫사람으로서는 편할 수도 있다. 하라는 대로만 하면 되기 때문이다. 그러나 위에서 아래로만 향하는 일방향 리더십은 정당한 건의도 반항과 도전으로 간주하여 조직의 발전을 저해한다. 이러다 보니 점점 양방향으로 소통이 이루어지는 리더십이 주목받게 되었다.

현대적 리더십의 개념은

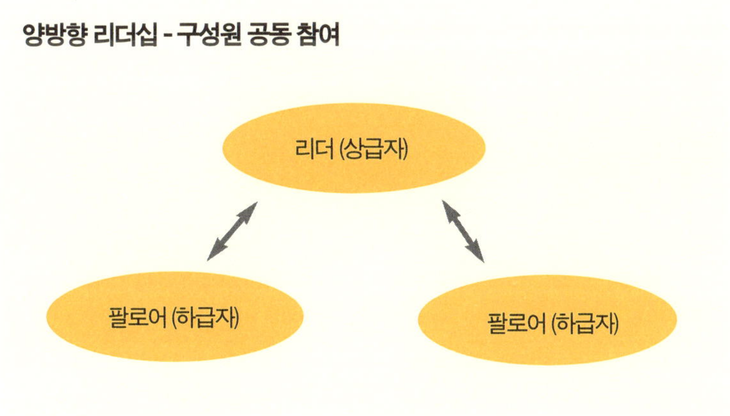

현대에 와서 리더십은 양방향 리더십의 개념으로 변모했다. 이는 리더가 구성원의 의견을 듣고 조절하여 최종 결정하는 합리적인 방법이다. 이러한 시스템에서는 리더의 부족한 점을 구성원이 보완해 줄 수 있다. 그러나 양방향 리더십은 구성원의 범위를 자신의 팔로어, 즉 부하직원에만 한정하는 한계가 있다. 내 부하직원만 가지고 모든 문제를 해결하려 하는 것이다.

누군가의 상사는 누군가의 부하이며 누군가의 동료이다. 현대적 개념의 좋은 리더란 좋은 상관일 뿐 아니라 좋은 팔로어, 좋은 펠로우가 되는 것이다. 자기 밑의 부하직원을 관리하는 것은 기본이고,

동료를 아우르고 상사를 돕는 리더십이 필요하다.

리더십의 의미는 고정불변의 것이 아니다. 시대적 요구에 의해 변화와 발전을 거듭해야 한다. 조직 구성원들이 상하의 관계를 넘어 유기적으로 상호 연결되어 작용해야 하는 지금은 리더십의 새로운 방향 설정이 필요하다.

4방향 리더십이란

최근 수평적 관계가 확산되고 지식의 전문화와 다양화가 확장됨으로 인해 과거와 같은 일방적 리더십은 더 이상 효과를 기대하기 어렵게 되었다. 대신에 목표 설정에서부터 실현 과정에 이르기까지 조직 활동의 전반에 걸쳐 구성원들의 의견을 존중하고 이를 수용하는 리더를 선호하게 되었다.

리더는 조직의 목표 달성이나 발전만을 강조할 뿐만 아니라, 구성원 개인의 발전과 만족스러운 조직 생활에도 관심을 기울여야 한다. 과거와는 달리 다양한 구성원들의 아이디어와 개성을 존중하고 이를 바탕으로 다 함께 조직의 목표를 향해 나아가려는 다사불란(多絲不亂)한 분위기를 중시하는 리더가 주목받고 있는 시대가 된 것이다.

다사불란한 조직은 외부에서 볼 때는 많은 실들이 서로 얽혀 있는 것처럼 혼란스러워 보일 수도 있다. 리더가 제시한 목표에 대해 자기의 주장을 내세우며 시시비비를 가리느라 시간을 낭비하는 비효율적인 조직으로 생각될 수도 있다. 하지만 자세히 내부를 들여다보면 이러한 조직원들은 나름대로의 통일성과 지향성을 가지고 유기적으로 뭉쳐 있는 공동체를 이루고 있다.

평소에는 자기의 목소리만 주장하는 것 같아 통합된 역량을 발휘할 수 없을 것 같지만, 목표에 대한 공감대를 형성하고 그 당위성을 공감하게 될 때는 더 이상 여러 가닥의 실이 아니다. 한 가닥으로 엮이면서도 스스로 생각할 때 약하다고 생각되는 부분을 잇고 덧대는 질긴 동아줄이 되는 것이다.

대의나 조직을 위해 일방적으로 자신을 희생하지는 않지만 구성원 모두가 조직의 주인이 되고 각자가 존중받으면서 조직의 목표 달성에도 적극 기여하는 조직이다. 이렇게 다사불란한 조직은 역경이나 고난에 처했을 때도 흔들리지 않고 더 강한 응집력을 발휘하게 된다.

올바른 리더는 항상 상, 하, 좌, 우의 중앙에 위치하여 각 방향에 적절한 태도로 구성원들과 관계를 맺어나가고 구성원들이 목표를 향해 다 함께 나아가도록 만드는 윤활유와 같은 리더십을 펼치는 사람이다. 이것이 바로 필자가 이야기하고자 하는 리더십의 요점이며, 필자는 이를 '4방향 리더십' 이라고 부른다.

상하좌우를 돌아본다

새로운 리더십의 개념을 다음과 같이 표현할 수 있다.

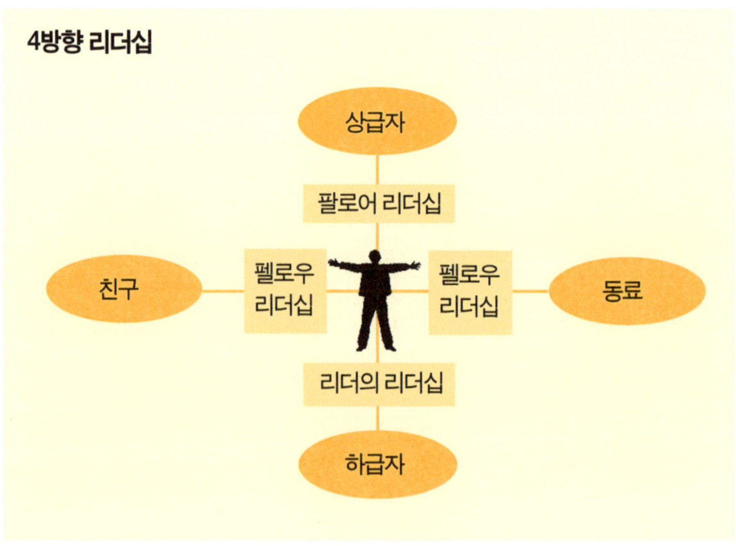

즉, 이제까지는 자기의 부하들만 리더십을 구사할 대상으로 여겼던 관점에서 이제는 동료와 이해관계자, 상급자까지도 리더십을 구

사할 대상이라 생각하는 사고의 전환을 의미하는 것이다.

4방향 리더십은 조직에서 다사불란의 미덕을 실현시킬 수 있다는 점에서 과거와는 분명히 다른 접근이다. 조직의 중앙에 위치한 리더가 상하좌우의 연결고리 및 전반적인 유대를 마련하여 주어진 임무를 성공적으로 수행하는 개념이다. 일방적인 명령 하달의 개념에서 벗어나 다양한 방향에서의 요구들을 조직 활동에 반영하고 이를 성공적으로 수렴하여 함께 목표를 달성하는 리더십이다.

이런 의미에서 볼 때 4방향 리더십은 동국대 신문방송학과 김무곤 교수가 제안한 NQ(Network Quotient: 공존지수) 개념과도 연관되어 있다. 다른 사람들과의 네트워크를 얼마나 잘 만들고 잘 꾸려나가는가를 강조하는 NQ는 혼자만이 아닌 함께 잘 사는 사람이 될 것을 강조한다.

사람과 사람과의 관계를 중시하는 NQ와, 좋은 리더가 되기 위해 긍정적인 생각과 적극적인 행동을 해야 함을 인간관계의 측면에서 한층 강조한 4방향 리더십은 일맥상통하는 것이다.

조직이나 집단 내에서 개인이 관계를 맺고 있는 사람들을 두루 배려하고 조직 활동과 구성원 모두의 심리 상태를 중시하는 4방향 리더십은 분명 과거의 리더십과는 차별화 되는 개념인 것이다.

관계의 주인 되기

4방향 리더십은 본질적으로 인간과 그 관계에 기반을 두고 있다. 인간관계는 항상 '나'를 중심으로 위로는 '상사'가 있고 양옆으로는 수평적 관계에 있는 '동료'들이 있으며, 아래로는 이끌고 있는 '부하직원'이 있다는 것을 염두에 두어야 한다. 여기서 상사는 내가 충성을 다해야 할 대상이고 동료는 나와 두터운 신의를 주고받는 관계이며 부하는 내가 따뜻한 사랑과 관심을 베풀 대상이다.

사람들은 흔히 자신이 상사에게 충성을 다했기 때문에 부하직원들 또한 자신이 한 것처럼 당연히 해주기를 바란다. 동료를 믿고 도와주었으니 동료도 자신을 믿고 도와줄 것이라 생각한다. 부모님께 성심을 다해 효도하는 모습을 보여주었으니 자식들 또한 부모인 자기에게 그런 마음을 갖고 효도할 것을 기대하기도 한다.

그러나 4방향 리더십에서 요구하는 인간관계의 모습은 각자 자신이 해야 할 바를 다하는 것이지 반대급부를 바라거나 요구하는 것이 아니다. 대가를 바라고 하는 행동은 진정성 면에서 의심을 받기 마련이다. 결국 4방향 리더십은 리더가 조직에 영향을 주는 구성요소들, 즉 상사와 동료 그리고 부하직원의 뜻을 모두 모아 목표를 향해 조직을 이끌어 궁극적으로 조직의 목적을 달성하는 것을 의미한다. 이러한 4방향 리더십은 인간 중심의 리더십이라고 할 수 있다.

4방향 리더십은 조직의 최고 리더에게만 필요한 것이 아니다. 모든 구성원들이 지위 고하를 막론하고 각자의 위치에서 4방향 리더십을 발휘해 상사와 동료 그리고 부하직원들과 좋은 관계를 맺어 보다 나은 미래로 나아가야 한다.

4방향 리더십은 특정 조직에만 해당되는 것이 아니라, 내가 속한 어느 조직 어디에서나 적용되고 통용될 수 있는 리더십이다. 직장뿐 아니라 가정과 학교에서도 4방향 리더십을 발휘할 수 있다.

가정과 학교에서

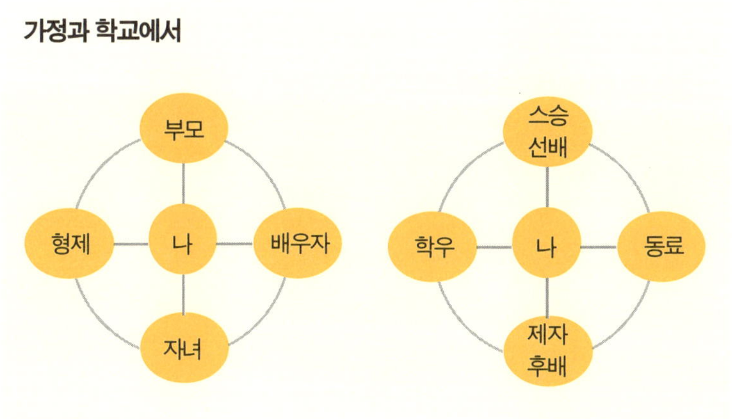

4방향 리더십은 앞 장에서 이야기한 '소통', '존중', '배려', '솔선수범'의 원칙을 실현하는 방법론이다. 이러한 4방향 리더십은 수평

적인 관계를 지향하고 각자의 개성과 존엄성이 강조되는 지금의 추세 속에서 더욱 중요해질 것으로 생각된다.

이제 각각의 위치에서 필요한 리더십의 실천에 대해 구체적으로 살펴보도록 하자.

나를 돌아보기

1. 당신은 상하좌우 어느 방향에 많은 시간과 노력을 쏟고 있는가?

2. 당신은 윗사람과의 관계에서 리더십을 발휘할 수 있는가?

3. 당신은 주위의 친구와 동료들에게 어떤 리더십을 보이고 있는가?

02

팔로어 리더십

인생은 겸손에 대한 오랜 수업이다 - 제임스 M. 배리

팔로어 입장에서 필요한 리더십은 무엇인가? 상급자를 향하여 어떤 리더십을 가져야 하는가? 팔로어에게 필요한 리더십의 키워드는 '진실', '소통', '열정' 이다.

부하직원은 상사를 대할 때 진실된 자세를 취함으로써 믿음을 주어야 하고, 적절한 보고 등을 통해 의사소통이 원활히 이루어지도록 해야 하며, 일에 대한 열정을 보여주는 것이 필요하다.

진실한 자세는 기본적인 믿음을 갖게 한다. 인간에 대한 기본적인 예의를 갖고 일을 열심히 하는 부하직원은 일단 합격점이다.

그다음 부하직원에게 필요한 것은 상사에 대한 열린 태도이다. 답답한 부하직원은 아무리 인간성이 좋고 성실해도 상사를 지치게 한

다. 오히려 상사가 부하직원의 눈치를 봐야 하는 요즘 같은 시대에 열린 마음으로 상사를 대하고 의사소통이 원활히 이루어지는 부하직원은 어디를 가나 환영을 받는다.

또 하나 부하직원에게 기대되는 것이 있다면 그것은 젊은 피의 열정이다. 언제나 뒤로 빠져서 지시만 기다리고 있는 부하직원은 상사를 힘 빠지게 한다. 부하직원이 보여주는 일에 대한 열정과 패기는 조직에 활력을 불어넣는다. 오랜 조직 생활로 지친 상사들은 그런 부하직원을 보면 아랫사람이라도 의지가 되고 든든한 마음이 든다.

진실 : 믿을 수 있는 사람이 되라

팔로어 리더십의 첫 번째 키워드 : 진실 (믿을 만한 부하직원)

실천 과제

1. 존경하는 마음을 전제로 하라.

2. 말이 아닌 행동과 실천을 수반하라.

3. 내 업무에 대해 주인의식을 가져라.

4. 상사의 험담을 하지 말고 비밀은 반드시 지켜라.

존경하는 마음을 전제로 하라

상사는 나보다 더 많은 업무 경험을 가지고 있다. 그리고 그 이전에, 나보다 더 많이 산 인생 선배이다. 나이가 많다면 그만큼의 인생 경험을 가지고 있는 것이다.

상사에게 존경하는 마음을 전제로 하여 대하지 않으면 그것은 행동이나 표정에 드러나고 만다. '존경할 만한 행동을 하면 존경하지……' 하는 생각보다는 윗사람에 대한 최소한의 예의를 지키겠다는 생각으로 대하기 바란다. 아랫사람이 윗사람을 존중하지 않으면 관계는 깨진다.

상사를 대할 때는 조건부식 존중이 아닌, 절대 존경을 전제로 하라. 우리 사회에서는 그것을 최소한의 예의로 생각한다. 상사는 분명 동료가 아니다.

그 자리에 앉아 있는 것은 그럴 만한 이유가 있는 것이다. '실무에 실력이 딸리는 것 아냐?' 하는 생각이 들어도 어떠한 다른 능력을 인정받았기에 그 자리에 앉은 것이다. 또 그가 지금의 내 자리에 있었을 때는 그에 맞는 능력을 발휘했을 것이다. 그것을 무시해서는 안 된다.

상사에게는 우선 존중하고 존경하는 마음을 갖자. 상사가 존경받을 만한 사람이 아니더라도 내가 할 도리는 해야 하는 것이다.

말이 아닌 행동과 실천을 수반하라

상사에게 말로만 잘하는 사람들이 있다. 그러나 그것은 오래가지 못하고 금방 들통나게 되어 있다. 행동과 실천으로 보여주어야 한다. 말만 번지르르한 사람은 아부하는 사람으로 비쳐진다.

부하직원이 말과 행동이 일치하는 사람이라는 것을 알면 상사는 그를 믿게 된다. 인간관계에서 믿음의 법칙은 어느 관계에나 통용되는 것이다.

상사의 믿음을 잃으면 작은 일 하나도 진행하기 힘들어진다. 상사에게 약속한 말은 행동으로 실천하라. 그러면 믿음을 얻을 것이다.

내 업무에 대해 주인의식을 가져라

자기 업무에 대해 주인의식이 없는 부하직원들이 많다. 그저 시키는 일만 하는 기계 같은 사람이다.

일에 대한 사랑이 없으면 열정적으로 일할 수 없다. 그저 회사를 왔다갔다하기만 할 뿐 월급을 받기 위해 최소한의 일만 한다는 인상을 주는 직원을 반길 사람은 없다. 상사 입장에서는 가장 얄미운 부하직원이다.

그런 부하직원에게 일을 믿고 맡기지는 않는다. 일에 대한 주인의식을 갖고 있는 사람과 그렇지 않은 사람이 있다면 당신은 누구에게 믿고 일을 맡기겠는가? 상사에게는 업무가 제대로 이루어지는 것이 무엇보다 큰 목표이다. 상사는 자신의 일에 주인의식을 갖고 추진하는 부하직원을 믿는다.

상사의 험담을 하지 말고 비밀은 반드시 지켜라

부하직원들이 가장 조심해야 할 것 중 하나가 상사의 험담을 하는 것이다. 부하직원들이 모여서 상사의 욕을 하는 것은 직장 생활에서는 양념 같은 것인지도 모른다. 그러나 어느 정도 가려서 해야 한다.

걸핏하면 상사의 험담을 하는 부하직원은 결국 모든 사람의 신의를 잃는다. 자신에게는 관대하고 남에게는 불평 많은 사람이라는 이미지를 심어주기 때문이다.

또 입이 무거워야 한다. 상사가 마음을 터놓고 이야기한 것을 모든 동료들에게 퍼뜨리는 사람들이 있는데, 그런 사람들은 단번에 믿음을 잃고 만다.

입은 무겁게, 행동은 열정적으로. 그런 부하직원이 믿음을 갖게 하는 부하직원이다.

소통 : 먼저 대화를 시도하라

팔로어 리더십의 두 번째 키워드 : 소통 (말이 잘 통하는 부하직원)

실천 과제

1. 상사의 의도를 파악하기 위해 노력하고 수시로 대화하라.

2. 적시에 보고하라.

3. 상사보다 한발 앞서 업무를 주도하라.

상사의 의도를 파악하기 위해 노력하고 수시로 대화하라

상사의 의도를 파악하기 위한 노력을 해야 한다. 상사가 평상시 많이 사용하는 단어와 유사한 업무에 대한 결정, 최초 보고 때의 지침이나 변화된 상황에 대한 반응, 그리고 말로 표현하지 않았지만 당시의 분위기나 뉘앙스 등을 캐치할 수 있어야 한다.

상사가 해당 업무에 대해 어떤 의도를 갖고 있는지에 대해 곰곰이 생각해보라. 그리고 지금까지 상사가 어떻게 일을 처리하고 문제가 생겼을 때 어떻게 대처했던가를 되돌아보면, 반드시 그가 지키려고 하는 기준과 원칙이 있을 것이다. 그 기준과 원칙을 명심하라. 그리고 어떤 문제가 생겼을 때 먼저 머릿속으로 '이럴 때 나의 상사는 어떤 기준을 적용했던가? 상사라면 어떻게 결정을 내릴까?' 를 생각해

보면, 최소한 상사의 의도에 반하는 업무 처리는 하지 않게 될 것이다. 그리고 차츰 상사의 생각에 근접할 수 있게 된다.

적시에 보고하라

상사는 다양하고 복잡한 많은 업무를 주관하고 있기 때문에 모든 일에 관심을 가질 수 없고, 때로는 잊어버리기도 한다. 따라서 훌륭한 부하직원은 상사의 입장에서 적시적이고 적절한 보고를 하는 사람이다. 우선순위에 입각해 보고하고 지금 당장 결심받아야 할 사항은 무엇인지를 판단하라. 해당 분야 고유 업무에 대해 보고할 사람은 담당자인 당신 뿐임을 명심하라.

상사가 보고를 받지 않았다고 자신의 업무를 경시하는 것 같다고 핑계대지 말자. 모두가 자신의 책임이다. 우물쭈물하지 말고 적극적인 마인드로, 심지어 간단한 내용은 출타하는 상사를 쫓아가면서까지 보고를 함으로써 상사가 자신이 진행중인 업무에 대해 걱정을 하지 않도록 해야 한다.

때로는 보고 해야 할 지 말아야 할 지 판단하기 애매한 상황도 있다. 그럴 때에는 일단 보고부터 하고 상사의 지침을 기다리는 것이 낫다. 판단은 보고받는 상사의 몫이다. 보고받는 상사의 처지와 입장을 고려하다 보면 타이밍을 놓치게 된다. 그러니 적시에 보고하려는 자세를 갖는 것이 필요하다.

가장 무능한 부하직원은 상사가 관심을 갖고 있는 업무에 대해 상사를 궁금하게 만드는 사람이다. 부하직원은 항상 어떤 일이나 상사로부터 지시받은 업무를 추진할 때, 개념 정립과 방향 구상 등 기획 단계에서부터 보고해야 한다. 일이 순조롭게 잘 진행되고 있을 때뿐만 아니라, 그렇지 않거나 또는 별다른 진척이 없다 하더라도 보고는 간단없이 이루어져야 한다. 그래야만 상사가 그때 그때 필요한 지침을 줄 수 있다. 부하가 적시에 보고 하는 분위기는 보고 받는 상사의 태도에도 책임이 있다.

예를 들면 이렇다. 해외에 파견근무중인 미국지사장이 진행하고 있는 프로젝트에 문제가 생겼다. 자신이 판단하여 해결하기에는 모호한 부분이 있어 한국에 있는 본사 회장에게 보고하기로 마음먹었다. 전화 다이얼을 누르는데 벽에 걸린 시계가 눈에 들어온다. 지금 한국은 한밤중인데 전화를 걸어 보고하면 회장이 버럭 화를 내거나 짜증 섞인 타박을 하지 않을까 걱정이 된다.

이런 경우 그 회사의 회장이 평소 부하직원의 보고를 받을 때 아무리 늦은 시간의 보고도 개의치 않고 마지막엔 "수고했다"는 격려도 빠뜨리지 않았다면, 그 지사장은 망설임 없이 보고하고 명확한 지침을 받아 업무를 해결했을 것이다. 그러나 그 반대의 경우라면 지사장은 제 때 보고하지 못하고 몰아서 모둠보고를 해서 조치시기를 놓치거나, 아니면 아예 보고하지 않아 시간이 지난 뒤 더 큰 문제상황을 초래하게 만들었을 것이다. 이처럼 상사의 보고 받는 태도에 따라 부하들이 적시에 보고할 수 있는 여건과 분위기가 조성된다.

마지막으로 상사에게 보고할 때에는 가급적 결론부터 제시함으로써 궁금증을 유발하지 않도록 하자. 특히 중요하고 시급한 일일수록 결론부터 먼저 보고하라. 원인이나 과정은 상사가 궁금하게 여길 때 자세히 보고해도 늦지 않다.

상사보다 한발 앞서 업무를 주도하라

언제나 상사의 지시가 내려올 때까지 기다리는 사람들이 있다. 상사는 여러 가지 사안들을 총괄하고 있고 각각의 업무에 대해서는 전담한 부하직원이 진행하고 있을 것으로 생각한다. 그런데 어떤 부하직원은 자신의 업무를 자기 일로 생각하고 말하지 않아도 먼저 진행하고 상사에게 자주 의논을 하는데 어떤 부하직원은 지시 없이는 움직이지 않는다. 상사는 이런 부하직원이 매우 답답하게 느껴진다.

어떤 업무를 진행하기 위해서는 사전에 조사해야 할 것, 준비해야 할 것이 수도 없을 것이다. 또 실제 업무 진행자만이 파악할 수 있는 것들이 있다. 따라서 업무 진행자는 자기 업무에 대해서 상사보다 한

발 앞서 준비해놓아야 한다.

정작 중요한 결정을 해야 할 때 상사가 사소한 세부 사항들부터 업무 지시를 내려야 한다면 일은 더뎌지고 중요한 시기를 놓치고 만다. 내 업무에 관련된 부분은 먼저 장악하라. 상사의 지시가 적시에 내려지지 않으면 상사에게 먼저 상의를 하라. 한발 앞서 준비하는 부하직원이 앞으로의 업무를 원활하게 만든다.

열정 : 할 수 있다는 패기를 보여라

팔로어 리더십의 세 번째 키워드 : 열정 (든든한 부하직원)

실천 과제

1. 무슨 일이든 '그까이꺼' 정신으로 임하라.

2. 내 업무 분야에 정통하라.

3. 때로는 상사에게 용기를 불어넣어라.

무슨 일이든 '그까이꺼' 정신으로 임하라

일을 두려워하는 부하직원은 상사에게 필요한 부하직원이 아니다. 업무를 추진하는데 "할 수 있을지 모르겠습니다", "어렵지 않을까

요?"라는 말부터 찾는 부하직원에게는 답답해서 일을 맡길 수 없다.

처음 시작할 때는 모든 일이 어렵게 느껴지고 길이 보이지 않는 법이다. 상사는 대개 세부적인 진행 과정까지 생각하고 지시를 내리지는 않는다. 필요한 일이라고 생각되면 부하직원에게 진행해보도록 지시를 내린다. 따라서 상사보다는 더 좁은 시야와 경험을 가진 부하직원에게는 그 일이 어렵고 비현실적인 것으로 여겨질 수 있다.

그러나 상사가 지시를 내릴 때는 그 일이 필요한 것이기 때문이고, 대개 현실화할 수 있다는 경험이 있기 때문이다. 그러니 우선 할 수 있다는 자세로 일을 시작하라. 그리고 가능한 방법을 찾아나가며 길이 막힐 때 적절한 조언을 구해야 한다.

내 업무 분야에 정통하라

당신은 자신이 하고 있는 분야의 일에 대해 최고라고 자부할 수 있는가? 최고가 아니라고 인정한다면 최고가 되기 위해 얼마나 노력하고 있는가? 맡고 있는 직무를 더 잘 수행하기 위해 관련된 서적을 얼마나 읽고 있으며, 자격을 갖추기 위해 얼마나 노력하고 있는가?

주5일 근무제가 정착되면서 많은 직장인들이 토요일을 자기계발을 위해 활용하고 있다. 그러한 준비가 현재 당신이 수행하고 있는 직무와 관련된 것이라면, 집단 내에서 평가뿐만 아니라 업무의 질 자

체가 달라질 것이다. 또한 최근 잦은 이직이 일반화되고 있는 분위기 속에서 자신이 맡은 업무에 더욱 충실하려는 자세는 동료와 상사들에게 큰 신뢰감을 심어준다.

실무자는 자신이 맡은 업무에 관한 한 최고의 전문가이다. 관련 법규나 회사의 방침에 대해 잘 알고 있어야 함은 물론이고, 앞으로의 변화 추세에 대해서도 어느 정도 예측할 수 있어야 한다. 새로운 업무를 추진할 때마다 관련 자료를 찾아 명확히 확인하는 자세를 가져야 한다. 그러다 보면 실력은 자연히 쌓이게 된다. 이것이 업무에 정통한 전문가가 되는 방법이며, 조직의 업무 성과를 극대화하는 지름길이다.

때로는 상사에게 용기를 불어넣어라

부하직원임에도 불구하고 상사에게 희망을 말하고 용기를 주는 사람들이 있다. 이런 부하직원에게 상사는 감동한다.

자기 자리에서 자신이 리더임을 아는 사람들은 누가 제시해주지 않아도 먼저 비전을 찾는다. 회사가 나아갈 방향까지도 머릿속에 구상할 수 있다. 이런 큰 시야를 가진 사람은 상사가 오히려 의지하는 중요한 사람이 된다.

한 조직에서 허브 역할을 하는 사람들이 있다. 그것은 지위 고하와 상관없이 사람이 가진 그릇의 크기로 자연스럽게 주어지는 위치이다. 그런 이들과 함께하면 어쩐지 일이 잘 풀리는 듯한 느낌이 들어 주위에는 사람들이 몰려든다. 그런 사람에게는 동료나 부하직원, 상사까지도 자신의 고민을 이야기하게 된다.

윗자리로 올라갈수록 동료는 줄어들고 책임감은 늘어난다. 그렇기에 상사는 외롭다. 그럴 때 허심탄회하게 의논의 상대가 되어줄 수 있는 부하직원은 상사에게 꼭 필요한 존재가 된다.

Tip !   부 모 를 향 한 4 방 향 리 더 십

4방향 리더십을 회사 조직이 아닌 내가 속해 있는 다른 그룹에도 적용할 수 있다. 우리는 어떤 인간관계를 맺고 있는가? 우선 부모님이 있다. 우리가 최초로 맺은 관계이면서 절대로 끊어지지 않을 관계이다. 우리는 누구도 부모를 선택하여 태어나지 않았다. 게다가 아직 미성숙한 상태에서 관계를 맺고 오랜 세월 동안의 변화를 겪는다.

우리가 부모님과 밀접한 관계를 맺었던 유년기에 우리는 아직 모든 면에서 성숙하지 못했다. 따라서 부모와의 관계에서 주도적인 역할을 하지 않았다. 그러나 나이가 들어가며 부모님이 아닌 '내'가 변화한다. 성장 과정에서 우리는 얼마나 많은 신체적 변화와 사고의 변화를 겪는가?

그런데 우리는 부모 자식 관계를 태어났을 때부터 고정불변하는 것, 변하지 않는 것으로 생각한다. 그래서 부모님과의 관계를 어려워하는 사람들이 많다. 어려서 이러이러한 관계였으니 커서도 마찬가지라고 생각한다.

부모님은 언제나 고압적이었고 소통이 되지 않았으니 앞으로도 그럴 거라고 생각한다. 또는 부모님과는 끊어지지 않을 관계이니 별다른 노력을 하지 않아도 된다고 생각한다. 그러나 부모 자식은 그 어느 관계보다 빠르게 변화에 대응해나가야 하는 관계이다. 그저 손 놓고 있다가는 가장 뼈저리게 후회할 관계이기도 하다.

부모님과의 관계에서는 상향적 리더십을 실천해 보자.

부모님을 대하는 팔로어 리더십

1. 가정 내에서 주인의식을 가져라.

자녀들은 가정의 일에 무관심한 경우가 많다. 자신이 주인이 아니라고 생각하기 때문이다. 가정에서 해야 할 일이 무엇인지 찾고 적극적으로 도와라. 분위기가 침체되어 있으면 먼저 나서서 분위기를 바꿔보라. 그러면 집안은 더욱 활력 있게 돌아갈 것이다.

2. 말과 행동 모든 것으로 사랑을 표현하라.

부모님을 가장 기쁘게 하는 것은 내가 부모님을 존경하고 사랑하고 있음을 알게 하는 것이다. 부모님이 부모로서의 자긍심을 느낄 수 있도록 나의 마음을 말과 행동으로 표현해보라.

3. 함부로 불만을 말하지 말라.

자녀가 던진 작은 불만 한마디는 부모에게 큰 상처가 된다. 어떤 경우에도 "부모님 때문에"라는 말은 함부로 해서는 안 된다. 어떤 불만이 있더라도 직접적으로 문제를 해결하려 하기보다는 살짝 돌려 말하는 지혜가 필요하다.

4. 언제나 내가 가는 곳과 나의 상황을 알려라.

부모는 언제 어디서나 자식을 걱정한다. 자식의 상황을 알지 못하면 부모님은 과도하게 걱정에 빠져 근심으로 세월을 보낸다. 자식이 하고 있는 일, 가는 곳, 만나는 사람을 알리는 것만으로도 부모님은 기뻐한다.

5. 무슨 일이든 할 수 있다는 긍정적인 마음을 보여주라.

어려운 상황에 있어도 자식이 웃으면 힘이 나는 것이 부모다. 부모님께 극복할 수 있다는 자신감을 보여주라. 부정적인 사고방식에 싸여 늘 침울한 모습을 보이면 부모님은 살아갈 희망을 잃는다.

6. 내 할 일을 잘하라.

자기 할 일을 잘하고 있는 것이 부모님께는 최고의 효도이다. 성공하면 잘해드리겠다는 생각보다는 지금 자리에서 열심히 일하는 모습을 보여주어야 한다.

7. 존경하는 마음을 전제로 하라.

부모님은 나를 세상에 있게 하고 지금까지 키워준 고마운 존재다. 그리고 오랜 경험을 가진 인생 선배이기도 하다. 부모님의 인생을 존중하라.

8. 부모님이 필요한 것을 한발 앞서 살펴라.

언제나 부모님이 불편한 것은 없는지 살펴야 한다. 다 큰 자식들에게 걱정 끼치고 싶지 않은 것이 부모의 마음이다. 부모님이 아픈 것을 숨기고 있지는 않은지, 불편한 것을 참고 있지는 않은지 돌아보라.

9. 부모님의 의도를 파악하기 위해 노력하고 수시로 대화하라.

부모 자식 간에는 대화가 많이 이루어져야 한다. 먼저 부모님께 대화를 시도하라. 자식이 말을 걸어주는 것만으로도 행복해하는 부모님들이 많다.

10. 때로는 부모님께 용기를 불어넣어라.

부모님도 때로는 소심해지고 약해지는 존재이다. 점점 나이 들어가며 작아지는 부모의 어깨를 감싸안자. 나의 작은 위로가 부모님께는 든든한 힘이 될 것이다.

나는 자라고 부모님은 늙는다. 내가 관계의 리더가 되어 적극적으로 리더십을 발휘한다면 서로를 행복하게 만들 방법을 찾아나갈 수 있을 것이다.

나를 돌아보기

1. 당신이 생각하는 팔로어 리더십은 어떤 것인가?

2. 당신은 상사에게 먼저 대화를 시도한 적이 있는가?

3. 당신은 윗사람에게 어떤 믿음을 주고 있는가?

03

펠로우 리더십

누군가는 성공하고 누군가는 실수할 수도 있다. 하지만 이런 차이에 너무 집착하지
말라. 타인과 함께, 타인을 통해서 협력할 때에야 비로소 위대한 것이 탄생한다
- 앙투안 드 생텍쥐페리

　이번에는 횡적인 관계에서 필요한 리더십을 살펴보자. 동료에게 필
요한 펠로우 리더십의 키워드는 신뢰, 협조, 배려이다.

　이것은 마치 '기러기의 역V字 비행' 과도 같다. 동료를 위해 맨 앞에
서 공기의 저항을 뚫고 날아가는 선두의 기러기는 자신은 무척 힘이
들지만, 그 덕분에 뒤따르는 다른 동료 기러기들은 무려 71%의 힘을
절약하며 날아갈 수 있다. 또한 이것은 '거울의 원리' 와도 같다. 내
가 거울을 보고 웃으면 거울 속의 나도 웃고, 내가 찡그리면 거울 속
의 나도 찡그리는 것처럼 내가 다른 사람에게 하는 대로 다시 내게로
돌아오는 것임을 명심해야 한다.

신뢰 : 마음으로 다가가라

펠로우 리더십의 첫 번째 키워드 : 신뢰 (믿을 수 있는 동료)

실천 과제

1. 진실하고 겸손한 자세로 동료들을 대하라.

2. 따뜻한 인간미로 주변에 사람들이 모이게 하라.

3. 다른 동료에 대한 평가나 험담은 하지 말라.

진실하고 겸손한 자세로 동료들을 대하라

동료는 좋은 파트너이자 가이드이다. 먼저 입사한 동료로부터 업무는 어떻게 처리하는지를 눈여겨보고 좋은 점이 있으면 배우겠다는 자세를 가져야 한다.

동료가 새로운 업무를 시작했다면 모든 일에서 서투르고 어수룩할 것이다. 그러나 그가 언제까지나 그럴 것이라고 속단해서는 안 된다. 어느 순간 동료가 자신과 동등하거나 어떤 분야에서는 더 앞서 있다는 것을 느끼게 될 때가 있을 것이다.

혼자서 해결할 수 없는 문제일 경우 동료에게 질문하고 도움을 요청하도록 하자. 똑똑하게 보이는 것만이 능사가 아니다. 때로는 동료의 겸손한 모습이 인간적으로 다가온다. 그런 당신에게 동료들은 신뢰를 느끼게 될 것이다.

따뜻한 인간미로 주변에 사람들이 모이게 하라

우리가 살아가는 사회는 약육강식이라는 경쟁의 냉정함도 있지만, 아직까지는 더불어 살아가는 온기가 더 많은 따뜻한 세상이다. 이런 사회에서는 책임감이 강하거나 일을 잘하는 동료보다 인간성이 좋은 동료가 환영을 받는다.

인간성은 여유 있고 편할 때보다는 힘들고 어려울 때 그 진가가 발휘된다. 동료가 힘든 일이 있을 때, 예를 들어 상을 당했거나 할 때는 아무리 멀더라도 찾아가 아픔을 함께 나누는 동료가 진짜 동료이다. 아리스토텔레스는 "불행은 누가 진정한 친구가 아닌지를 보여준다"고 했다.

자신도 업무에 찌들려 힘이 들지만 동료의 어려움을 해결해주기 위해 발 벗고 나서는 동료, 궁지에 처한 동기에게 따뜻한 위로의 말을 건네는 동료가 되도록 하자.

인간성으로 인정을 받은 동료는 무슨 일에서나, 또 누구에게나 높은 평가를 받게 된다. 당장의 시간 투자나 수고스러움은 앞으로 당신에게 따라다닐 좋은 평판과 인지도에 비하면 아무것도 아니다.

다른 동료에 대한 평가나 험담은 하지 말라

직장에서 사람들과 대화를 하다 보면 자연스레 제삼자에 대한 이야기가 나오기 마련이다. 그러나 동료를 칭찬하는 말이 아니고 폄하하는 대화라면 절대로 조심해야 한다.

말은 돌고 돌아 그 본래 주인에게 돌아간다. 또 상대가 내 이야기를 잠자코 들어주며 겉으로는 "그래, 그 친구는 그렇지" 하고 고개를 끄덕이더라도 속으로는 '내가 없을 때는 내 욕도 할까?'라는 생각을 하게 되는 법이다.

다른 사람에 대한 험담이 나오면 침묵하라. 이 세상에 완벽한 사람은 한 명도 없다. 함부로 남을 평가할 자격은 누구에게도 없다.

협조 : 적극적으로 도움을 주라

펠로우 리더십의 두 번째 키워드 : 협조 (함께 일하고 싶은 동료)

실천 과제

1. 공동 업무부터 제압하라.

2. 동료애를 바탕으로 팀워크를 발휘하라.

3. 어려운 일일수록 먼저 행동하라.

공동 업무부터 제압하라

직장 동료들로부터 업무에 대한 협조를 요청받는 경우가 있다. 이때 당장 해야 할 업무가 쌓여 있더라도 협조받은 업무부터 최선을 다해 처리해주어야 한다.

자신의 능력으로 할 수 없는 일이라면, 할 수 있는 방법이라도 성의 있게 가르쳐주어야 한다. 내가 5분만 시간을 투자해 도와주면 동료는 50분을 절약할 수 있고, 이는 당신에 대한 긍정적인 평가와 함께 50분 이상의 도움이 되어 돌아온다.

단순히 귀찮다거나 힘들다는 이유로 협조를 거부하다 보면 그것은 나에 대한 불만과 불신으로 이어져 결국 조직 내에 설 자리가 없어진다. 신뢰는 스스로 쌓는 것이지만, 잃어버린 신뢰를 회복시켜주는 것은 상대방이다. 신뢰를 잃어버리면 정작 나에게 급한 일이 있을 때 도움을 주는 사람도 없을 것이다.

군대에서 업무 협조의 중요성을 강조하는 말 중에 "적의 화기는 공용화기부터 제압하라"라는 말이 있다. 적의 개인화기보다는 화력이 우세한 공용화기를 먼저 제압해야 아군의 피해를 줄일 수 있다는 뜻이다. 여기서 공용화기는 각 부서가 지혜를 모아 공동으로 수행해야 할 협력 업무로, 개인화기는 나 또는 한 부서가 단독으로 수행하는 업무로 대입해볼 수 있다.

내 업무만 중요한 것이 아니라 타 부서의 업무도 중요하다. 그래서 유능한 선배들은 타 부서에서 협조를 요청받은 업무가 최우선 과제라고 조언하기도 한다. 서로 협력하지 않으면 해결할 수 있는 일이 없다. 그럴 때마다 되새겨보자. 적의 화기는 공용화기부터 제압하자.

동료애를 바탕으로 팀워크를 발휘하라

마이클 조던은 뛰어난 재능과 화려한 플레이를 지닌 농구 선수로, 그가 야구 선수로의 외도를 마치고 다시 농구 코트로 복귀했을 때 전 세계인은 그의 재등장만으로도 열광했다. 그의 천부적인 재능은 그를 '농구의 신' 경지에 올려놓았다. "하느님이 조던으로 가장하고 나타났다"는 말이 있었을 정도였다. 그런 그가 한 다음의 말은 팀워크의 중요성을 다시 한 번 생각하게 한다.

"Talent wins games, but teamwork wins championships."

재능은 게임을 이기게 하지만 팀워크는 우승을 가져온다는 뜻이다. 하늘을 나는 엄청난 점프력과 누구도 따라가지 못할 운동신경을 가지고 코트를 누비던 그도 한 팀이 조화를 이루었을 때 발휘되는 놀라운 힘을 알았던 것이다.

개인적인 능력은 뛰어나지 않아도 유독 팀 플레이에 강한 사람들이 있다. 조직에서 원하는 것은 오히려 이런 사람들이다. 팀 내에서 조화를 이루며 시너지 효과를 일으키는 것은 매우 중요한 능력이다.

어려운 일일수록 먼저 행동하라

함께 일을 하다 보면 어려운 일에서는 슬쩍 빠지고 쉬운 일만 찾는 사람들이 있다. 그러나 어려운 일일수록 나서서 하는 사람이 환영받는다. 이런 사람은 없어서는 안 될 사람이 된다.

해결이 힘든 일을 나서서 조율해보라. 그러면 많은 이들이 다시 찾는 사람이 될 수 있을 것이다. 동료들에게 의지가 되는 사람이 되어야 한다. 의지가 되지 않는 사람은 사실 있어도 그만 없어도 그만이다. 함께 일하고 싶은 사람은 기대고 싶은 사람이다.

또 이런 이들은 일할 기회를 더 많이 갖게 된다. 더 많이 배우고 경험과 노하우를 축적해 나감으로써 남들과 다르게 발전한다.

배려 : 상대를 소중히 대하라

펠로우 리더십의 세 번째 키워드 : 배려 (어려울 때 함께하는 동료)

실천 과제

1. 동료와 함께 성장하기 위해 노력하라.

2. 있을 때 잘하라.

3. 어디에서건 결코 왕따가 되지 말라.

동료와 함께 성장하기 위해 노력하라

우리가 조직의 어떤 사람들보다 입사동기나 동료를 좋아하는 것은 그들과 같은 꿈을 갖고 성장하는 과정을 함께하고 있기 때문이다. 동료의 장점을 인정하고 우리가 같은 미래를 바라보고 있다는 것을 기억하자.

일을 하다 보면 새롭게 알게 되는 것들이 있다. 그러한 정보를 동료들과 나누도록 하자. 동료의 발전이 나의 발전을 방해할 거라는 생각이 들 수도 있다. 동료가 승진하면 나는 떨어진다는 위기감에 나의 정보를 함께 나누려 하지 않는다. 그러나 동료들과 함께 성장해야만 더 큰 성장을 이룰 수 있다.

특히 일을 처음 시작하는 단계에서는 선배들의 도움을 받는 것도 중요하지만 동료들과 의견을 교환하는 과정에서 더 많은 것을 깨닫게 된다. 같은 수준에 있는 사람들과는 말이 잘 통하고 서로 자유롭게 의견을 나눌 수 있기 때문이다.

동료는 그렇게 함께 발전해가며 선의의 경쟁을 하는 관계이다. 혼자 힘으로만 하겠다고 욕심을 부리면 동료와 함께 성장하는 기쁨을

누릴 수 없고, 오히려 많은 것을 놓치게 된다. 자기 생각에만 갇혀 있는 우물 안 개구리가 될 수도 있다.

앞으로 당신과 동료는 함께 더 높은 자리에 가 있을 것이다. 그때에는 동료들 간의 횡적인 교류가 더욱 중요해지는데, 그런 동료의식이 없다면 당신은 매우 외로운 사람이 될 수 있다. 혼자 고립되는 것은 발전을 막는 커다란 걸림돌이다.

있을 때 잘하라

지금의 동료와 언제까지나 함께할 수는 없다. 회자정리(會者定離) 거자필반(去者必返). 만난 사람은 언젠가 떠나가고 떠난 사람은 돌아온다. 만남과 이별은 계속 반복되기에 지금의 동료와 언젠가 다시 만날 수도 있지만, 중요한 것은 사람은 돌아와도 시간은 돌아오지 않는다는 것이다. 그리고 시간이 흐를수록 사람도 변하기 마련이다.

지금 이 순간에, 지금의 모습을 한 동료와 함께하는 일은 두 번 다시 있을 수 없다. 따라서 지금 만나는 동료와 지금 이 시간의 소중함을 알고 최고의 추억을 만들어나가도록 노력해야 한다.

있을 때 잘해야 할 것은 사람만이 아니다. 지금 자신에게 주어진 업무도 마찬가지이다. 해야 할 일이 있을 때, 해야 할 일이 주어졌을 때 잘하자. 직장을 옮기거나 타의에 의해 그만두어야 할 때가 되어 후회하면 이미 늦는다. 나에게 업무가 주어졌을 때 잘해야 또 다른 업무가 주어진다. 그렇게 되었을 때 더 나은 내일을 기약할 수 있다. 현재의 업무를 잘하는 것은 현실에 충실한 것일 뿐 아니라 미래에 대한 아낌없는 투자이다. 인생은 흘러가는 것이 아니라 쌓이는 것이다.

어디에서건 결코 왕따가 되지 말라

미국의 정치가이자 과학자인 벤저민 프랭클린은 처세에 관하여 다음과 같은 명언을 남겼다.

"모두에게 예의 바르고, 다수에게 붙임성 있고, 소수에게 친밀하고, 한 명에게 친구가 되고, 아무에게도 적이 되지 말라."

이 말은 한 조직에서 우리가 어떤 태도를 취해야 하는지를 잘 보여준다. 친밀감의 정도는 내 옆의 가장 친한 동료에서부터 한 단계씩 확장하여 모든 사람에게 확대되어야 한다. 그것은 마지막 한 명까지 이르러 친구가 되지는 못할지언정 적이 되지는 말아야 한다.

아무리 의견이 맞지 않는 사람이라도 상대를 존중하는 마음만 갖고 있다면 적대심까지는 품지 않게 된다. 내가 적대심을 보이지 않으면 타인을 적으로 돌리지 않을 수 있다. 내 생각에 문제가 있는 사람이라 하더라도 적으로 돌리지 말자.

극단적인 경우에는 나 하나만 정상이고 다른 모든 이들이 이상하다는 생각이 들 때도 있다. 어떻게 이런 조직에 들어왔을까 후회하며 이직할 궁리만 한다. 그러나 이러한 경우에도 사람들과 두루두루 관계를 유지해야 한다. 모든 이들이 적이라면 분명 나에게도 문제가 있는 것이다. 너무 맑은 물에는 고기가 살 수 없다고 한다. 내가 너무 까다롭게 평가하고 있는 것은 아닌지 돌아보자. 문제가 있는 사람들이라도 받아들이겠다는 자세를 가지면 모두를 적으로 돌리지 않을 수 있다.

또 한 가지. 어느 누구도 왕따가 되도록 내버려 두어서는 안 된다. 조직에서 누군가 소외된 사람이 있으면 손을 내밀어야 한다. 왕따가 생기면 조직은 분열된다. 그런 불편한 마음으로는 행복한 조직 생활을 할 수 없다.

Tip! **펠로우 리더십의 확대**

배우자에 대한 4방향 리더십

반평생을 함께하는 배우자는 친구이며 좋은 동료이다. 배우자에게 펠로우 리더십을 실천해보자. 부부 관계를 긍정적으로 이끌어줄 키워드 또한 '신뢰' 와 '협조' , '배려'이다. 부부는 함께 살아가는 수평적 관계이기에 서로를 믿고 도우며 상대의 마음을 배려하는 자세가 필요하다.

다음은 부부 관계에 적용할 수 있는 4방향 리더십이다. 내가 먼저 변해야만 관계를 개선할 수 있다는 생각을 갖고 하나씩 실천해보기 바란다.

배우자를 대하는 펠로우 리더십의 실천

1. 진실하고 겸손한 자세로 배우자를 대하라.

배우자를 대하는 첫 번째 원칙은 상대를 존중해야 한다는 것이다. 상대의 단점을 찾지 말고 그가 가진 훌륭한 점들을 찾아라. 상대가 나보다 낫다는 마음을 갖고 겸손하게 대해야 한다. 상대를 함부로 생각하는 사람은 그 자신이 이미 모자란 사람이다. 그는, 그녀는 내가 선택한 사람임을 잊지 말자.

2. 따뜻한 인간미로 배우자의 마음을 끌어들여라.

배우자에게는 어디까지나 온정적인 마음으로 대해야 한다. 누구나 따뜻한 사람 곁에 있기를 원한다. 아무리 사랑하는 마음으로 시작되었더라도 냉기가 도는 차가운 사람은 영원히 그 결을 지키기가 어려워진다.

3. 어디 가서 배우자에 대한 평가나 험담을 하지 말라.

밖에 나가서 배우자의 험담을 하는 것은 자기 자신에게 욕이 되는 일이다. 특히 아내에 대해 평가하고 험담하는 사람은 누구에게도 믿음을 주지 못한다.

4. 가정의 공동 업무부터 나서서 하라.

남편이 자기 일에만 몰두하고 집안일에 나몰라라 하면 가정에 금이 가기 시작한다. 가정의 일을 모두 아내에게 혹은 남편에게 떠넘기지 말라. 퇴근 후에는 아이들이나 집안일부터 돌보라. 그것이 화목한 가정을 만들어주는 비결이다.

5. 부부애를 바탕으로 팀워크를 발휘하라.

경제 활동은 남편의 몫, 집안일은 아내의 몫이라는 고정관념에서 벗어나라. 남편이 힘들어하면 아내도 발벗고 나서야 한다. 자녀들이 문제를 일으키면 남편도 아이들 교육에 적극적으로 나서야 한다. 그렇게 함께 해결해야 인생길을 순탄하게 헤쳐나갈 수 있다.

6. 어려운 일일수록 먼저 행동하라.

남편과 아내가 어려운 일, 귀찮은 일을 서로 미루다 보면 가정은 원활히 돌아가지 않는다. 내가 하기 싫은 일은 상대도 하기 싫기 마련이다. 배우자가 힘들어할 만한 일은 먼저 나서서 도와라. 이런 하루하루가 쌓여 평생을 믿고 살아갈 신뢰가 생긴다.

7. 배우자와 함께 성장하기 위해 노력하라.

남편이 자기계발이나 취미 활동에 정신을 빼앗기며 문제가 생기는 가족이 많다. 아내가 직장 생활이나 공부를 다시 시작하며 남편이 불만을 갖기도 한다. 서로의 인생을 인정해주고 성장을 격려해주어야 한다. 배우자가 모든 것을 희생해주길 기대하면 상대는 지치게 된다.

8. 있을 때 잘하라.

배우자가 언제나 곁에 있을 거라고 생각하지 말라. 상대방을 지치게 하면 언젠가 배우자는 내 곁을 떠날 수도 있다. 그리고 언젠가는 한쪽이 먼저 세상을 떠날 것이다. 곁에 있을 때 최선을 다하자. 떠나고 후회하는 것은 아무 소용 없다. 기회가 있을 때 사랑하고 아껴주어야 한다.

9. 배우자의 친구나 친척에게 왕따가 되지 말라.

사람들은 자기 가족과 친구들에게 잘해주는 사람을 좋아한다. 배우자의 가족에게 최선을 다하고, 배우자의 친구들과 좋은 시간을 보내라. 내가 그들에게 무심하면 배우자는 점점 친구와 가족으로부터 고립된다. 그것은 배우자의 인생을 외롭게 하는 일이다.

친구에 대한 4방향 리더십

당신이 가장 많은 대화를 나누는 사람이 누구인가? 일상적인 대화가 아닌 자신의 생각에 대해서, 가치관에 대해서, 또는 고민거리나 잘 해결되지 않는 문제들에 대해서 누구에게 털어놓는가?

사람들은 대개 친구나 선후배에게 허심탄회하게 자기 문제를 이야기한다. 인생에 대해 가장 많은 대화를 나누는 대상도 친구나 선배이다. 그래서 친구는 긴 인생을 함께

가는 동료이자 선생님이기도 하다.

친구들은 나의 생각을 가장 자유롭게 이야기할 수 있는 대상이고, 가장 편한 대화가 가능하기에 나의 사고나 삶에 그만큼 커다란 영향을 준다.

그런데 친구는 그 수가 하나일 수도 있고 여럿일 수도 있다. 가족처럼 오로지 서로가 하나인 관계가 아니다. 그래서 우리는 가끔 친구를 소홀히 생각하고 작은 일로 틀어져 관계를 깨버리기도 한다.

그러나 나이가 들수록 친구만한 존재가 없다. 누가 나에게 그런 조언을 해주며, 누가 나에게 농담을 건네주고, 누가 나와 함께 그런 시시콜콜한 대화를 나누어주겠는가. 지금껏 나의 실수를 눈감아주기도 하고 잘못을 지적주기도 하며 함께 인생길을 걸어온 친구들을 돌아보라. 그들이 없다면 우리 인생은 밋밋한 것이 되어버린다.

친구를 대하는 펠로우 리더십의 실천

1. 진실하고 겸손한 자세로 대하라.

2. 따뜻한 인간미로 친구들의 마음을 끌어들여라.

3. 친구에 대한 평가나 험담을 하지 말라.

4. 함께하는 일에 적극적으로 나서라.

5. 우정을 바탕으로 팀워크를 발휘하라.

6. 어려운 일이 있으면 먼저 나서서 도우라.

7. 함께 성장하기 위해 노력하라.

8. 있을 때 잘하라.

9. 왕따는 되지도, 만들지도 말라.

타인에 대한 4방향 리더십

우리는 매일 수많은 사람들을 만나며 살아간다. 우리와 특별한 관계가 없는 사람들도 마주친다. 한 지역에 살고 있는 사람, 한 국가에 살아가는 사람들에게는 함께 추구해야 할 공통의 가치가 있다. 그것을 무시하고 혼자 살아갈 수는 없다.

살 맛 나는 사회를 만드는 것은 이러한 낯 모르는 이들과 얼마나 따뜻한 관계를 맺을 수 있느냐에 달려 있다.

지금은 알지 못하는 이들이지만 어떤 작은 인연만 있으면 만나게 될지도 모를 사람들이다. 그들은 아직 만나지 못한 나의 친구, 연인, 가족인 것이다. 우리의 관심을 사회로 확장시키면 내 손길을 필요로 하는 이들이 보이기 시작한다. 사회에서 나의 역할도 찾게 된다. 타인에 대한 이해와 배려도 생긴다.

내 조직만 이끌면 되는 것이 아니라 이 사회를 이끄는 데에도 관심을 가져야 한다. 사회를 탓하기만 할 것이 아니라 내 위치에서 해야 할 일을 찾아야 한다. 개인적인 삶도 바쁜데 사회에 눈을 돌리고 어떤 역할을 해야 한다는 것은 번거롭고 힘든 일이다. 그러나 이것은 단순한 시간 낭비가 아니다. 내가 한 작은 행동이 결실을 맺어 언젠가는 나에게 돌아오게 되어 있다.

모르는 어르신들에게도 친절을 베풀고 존중하자. 우연히 마주친 이들에게도 따뜻한 말투를 쓰고 나에게 서비스를 제공해주는 가게 점원이나 콜센터 직원들에게도 퉁명스럽게 굴지 말자. 나에게서 나온 긍정적인 에너지가 그들의 하루를 긍정적으로 만들고 그 에너지는 주위로 번져나갈 것이다.

이해할 수 없는 젊은이들에게도 우선 온정적인 마음을 갖자. 그들도 누군가의 자녀일 것이다. 우리가 어른으로서 포용력을 보여줄 때 젊은이들은 이 사회를 더 살 만한 곳으로 여기게 될 것이다.

있어도 그만 없어도 그만인 사람으로 남지 말고 적극적으로 사회에 좋은 영향을 미치는 사람이 되도록 하자. 나는 아무것도 하는 것이 없으면서 사회가 바뀌기만을 기대해서는 안 된다.

타인에 대한 4방향 리더십의 실천

1. 윗사람은 부모처럼 공경하라.

2. 동료를 인정하라.

3. 아랫사람에게는 관대하라.

4. 스쳐 지나가는 사람에게도 찡그리지 말라.

5. 내 도움의 손길을 필요로 하는 곳을 찾아라.

1. 당신이 생각하는 펠로우 리더십은 어떤 것인가?

2. 당신은 동료가 도움을 청할 때 흔쾌히 수락하는 편인가?

3. 당신은 힘든 상황의 친구를 챙겨주고 있는가?

04

리더의 리더십

지도자란 희망을 파는 상인이다 - 나폴레옹

리더에게 필요한 리더십의 키워드는 효율, 이해, 에너지이다. 상사가 아랫사람에게 해 줄 수 있는 최고의 사랑은 효율적으로 일할 수 있도록 도와주고, 아랫사람의 입장을 이해해 주며, 동기를 부여해 주고 지치지 않도록 힘을 주는 것이다.

이것은 마치 어미닭이 병아리를 보살피는 모습을 연상하면 된다. 어미닭이 21일간 알을 품는 '인내' 와, 병아리가 알을 깨고 나올 때 밖에서 어미닭도 같이 알을 쪼아주는 '줄탁동시' , 부드러운 먹이를 먹이기 위해 노력하는 '양육' , 또 매나 솔개가 나타나면 날개를 펴서 새끼들을 '보호' 하고 자기 품을 떠나는 새끼 병아리에게 시선을 떼지 않고 지켜보는 '관심' , 즉 '어미닭의 다섯가지 사랑' 의 모습이야말로 진정한 부하사랑의 모습인 것이다.

상사들은 종종 자신과 부하직원들을 비교하며 불평한다.

"내가 말단 사원이었을 때는 그러지 않았어. 점심시간에도 밥 빨리 먹고 들어와서…… 퇴근 시간 됐다고 퇴근하는 건 생각도 못하고……."

하며 부하직원들의 열정이 부족하고 능력이 없음을 탓하곤 한다.

하지만 시대는 변하고 있고, 그들은 내가 아니다. 그것을 인정하고 나아갈 방향을 찾는 것이 리더의 몫이다.

과거의 자신만을 생각하며 사고가 과거에 못박혀 있는 리더는 현재에는 쓸모없는 리더다. 리더는 미래를 만들어가는 사람이기 때문이다.

리더가 효율적으로 일할 수 있도록 배려하며 부하직원들의 능력을 최대치로 이끌어내야 한다. 사람의 능력은 어디까지인지 알 수 없다. 지금 부족해 보이는 사람이라도 꾸준히 지원해주고 일할 수 있는 환경을 만들어주었을 때 놀라운 능력을 발휘할 수 있다.

사람들이 한 조직에서 리더의 자리를 중요시 여기는 이유가 무엇이겠는가? 같은 조직원들이라도 리더의 능력에 따라 그들의 감춰진 재능을 이끌어내고 다독이며 함께 나아갈 때 이루어지는 시너지 효과를 기대하기 때문이다.

효율 : 할 수 있는 환경을 만들어주라

리더의 리더십 첫 번째 키워드 : 효율 (일을 효과적으로 하게 하는 상사)

실천 과제

1. 업무의 배경과 최종 상태를 제시하라.

2. 선택하고 집중하여 시너지 효과를 극대화하라.

3. 문제 발견 - 대책 강구 - 유지 관리의 3단계를 반복하라.

4. 현재보다 더 나은 목표를 추구하라.

업무의 배경과 최종 상태를 제시하라

임무형 지휘가 새로운 리더십 키워드로 떠오르고 있다. 즉 부하직원에게 임무를 부여하되, 그가 스스로 그 임무를 달성할 수 있도록 하는 지휘 방법이다. 임무형 지휘가 성공하기 위해서는 상사가 명확한 최종 상태(End-State)를 제시하고 필요한 권한을 위임해주어야 한다.

상사가 요구하는 것과 부하직원이 달성해야겠다고 판단한 최종 상태가 일치해야 불필요한 노력의 낭비를 줄이고 그 결과에 서로 만족할 수 있게 된다. 아무리 기발하거나 좋은 결과라 하더라도 합목적이지 않다면 이는 불필요한 노력과 자원의 낭비일 뿐이다.

윗사람으로부터 중요하지만 지침이나 방향이 조금은 모호한 임무를 받았을 경우, 지침을 명확히 알아내기에 앞서 부하직원에게 "한번 해 와봐"라고 무작정 지시하는 상사도 있다. 부하직원이 힘들게 보고를 했지만 윗사람으로부터 "개념이 틀렸다"는 지적과 정확한 지침이 나오면, 그제야 내가 시간이 없어서 지도를 못 해주었더니 이 모양이라고 또 면박을 준다. 이럴 경우 부하직원은 얼마나 억울하고, 상사를 원망하는 마음이 들겠는가?

구체적으로 지시하되, 최종 상태에 도달하는 과정이나 방법은 과감하게 위임을 해주고 필요한 자원을 제공해주어야 한다. '몇 시쯤', 또는 '어느 정도' 등의 모호한 표현 대신 '오후 5시', '95%' 등으로 명확한 지시를 내려야 부하는 더욱 긴장하게 되고 업무에 대한 책임감과 추진력도 커진다.

선택하고 집중하여 시너지 효과를 극대화하라

상사가 해야 할 가장 중요한 일은 여러 가지 업무 중 무엇에 집중해야 하는지를 선택하는 것이다. 부하직원들은 대개 여러 가지 업무를 하는 와중에 새로운 일을 또 지시받고, 온갖 자질구레한 일들에 둘러싸여 있다. 지금 부하직원이 무엇에 집중해야 하는지를 알려주면 업무 효율은 올라간다.

새로운 일을 주먹구구식으로 떠안겨주면 일하는 사람은 혼란에 빠진다. 이것저것 붙잡다가 모두 놓쳐버린다. 물론 부하직원에게 일일이 일의 순서를 정해주고 기계처럼 움직이게 해서도 안 된다. 그러나 중요한 업무를 새로 안겨줘야 한다면 과감하게 다른 일을 뒤로 돌리라는 조언을 해주어야 한다. 그러지 않으면 부하직원은 어느 것을 먼저 처리해야 하는지 알 수 없다.

부하직원 입장에서 상사의 지시에 경중을 따지고 선택하는 것은 어려운 일이다. 팀 전체의 업무가 어떻게 돌아가는지는 상사가 더 잘 알고 있다. 그 마음속까지 알아서 판단해주기를 기대해서는 안 된다. 정보가 다른 상태에서 똑같은 판단을 내리길 기대하지 말라. 상사의 몫은 일의 경중을 선택해주는 것이다.

문제 발견 - 대책 강구 - 유지 관리의 3단계를 반복하라

어떤 문제가 있을 때 그것을 발견해내고 문제를 해결하도록 독려하는 것은 상급자의 능력이다. 팀이 어떻게 돌아가는지도 모르고 어떤 문제가 있는지도 모른 채 지금 하고 있는 것만 유지 관리하려는 상사가 있다. 그런 것은 사실 상사가 없어도 가능하다.

상사의 역할은 팀을 조율하는 것이다. 문제를 발견하고 팀원들이 그 문제를 해결하는 데 아이디어를 내도록 독려하고 그것을 조합하는 것이 상사의 역할이다.

다음의 3단계를 밟으라.

1단계 : 문제 발견

2단계 : 대책 강구

3단계 : 유지 및 관리

모든 것이 순탄하게 돌아가고 있다고 믿는 것은 그저 바람일 뿐이다. 문제를 발견해서 대책을 강구하고 그것이 지속되는가를 살피는 것이 당신의 역할이며, 당신을 상급자의 자리에 둔 이유이다.

현재보다 더 나은 목표를 추구하라

윗사람에게 필요한 능력 중 가장 큰 몫을 차지하는 것이 조직원들에게 비전을 제시하는 것이다. 지금 우리나라가 전체적으로 몸살을 앓는 것은 비전이 없기 때문이다. 어떻게 하면 지금보다 나아질 것이고, 어느 방향으로 노력을 기울어야 하는지에 대한 방향 설정이 없기에 모두 희망을 잃고 헤매고 있는 것이다.

한 조직에서도 마찬가지다. 중간 직급에 있는 사람이라고 해서 상부의 명령만 전달해주는 전달자는 아니다. 팀원들을 다독이고 각자의 꿈을 격려해주며 팀의 목표가 무엇인지 분명히 해주는 것이 상사의 역할이다.

그들이 지금 상태에서 현상유지만 하고 있는 것이 아니라 어떤 단계로 나아가려는 것인지 그 과제를 분명히 알려주어야 부하직원들은 자기의 능력을 꺼내놓는다. 아무 목표가 없는 팀은 직원들을 지루하게 한다.

이해 : 따뜻하게 다가가라

리더의 리더십 두 번째 키워드 : 이해 (부하직원의 마음을 알아주는 상사)

실천 과제

1. 부하직원의 입장에서 생각하라.

2. 권위의식을 버리고 인간적으로 대하라.

3. 언제나, 특히 궂은 일에 함께하라.

부하직원의 입장에서 생각하라

참으로 대하기 어려운 상사가 자기 생각에만 싸여 있는 상사이다. 공감 능력은 상사에게 매우 중요한 덕목이다. 타인을 배려할 줄 모르는 사람은 상사가 되어서도 똑같이 행동을 하는 경우가 많다.

이런 사람이 상사가 되었을 때 부하직원들의 불만은 극대화된다. 타인을 이해하지 못하고 공감해주지 않는 사람을 보고 그릇이 작은 사람이라고 하는 것이다. 상사는 아랫사람을 품어줄 수 있는 넓은 그릇을 지녀야 한다. 이것이 윗사람으로서의 덕목이다. 자기 입장에서만 생각할 거라면 애초에 윗자리에 앉을 자격이 없는 것이다.

권위의식을 버리고 인간적으로 대하라

상사에게도 약점과 고민, 단점은 있다. 그런데 항상 강하고 잘하는 모습만 보여주려 하다 보면 스트레스가 쌓이고 부하직원들을 업무적으로만 대하게 된다. 때로는 부하직원에게 인간적인 솔직함을 보여주고 자신의 고민도 털어놓을 줄 알아야 한다. 그러면 그들도 이제까지 느끼지 못하던 상사의 모습을 통해 신뢰감과 동료애를 느낀다.

또 아랫사람의 입장에서 생각할 수 있는 여유. 배려와 함께 유머를 가진 상사는 매력적이다. 카리스마나 위엄만을 내세우기보다 자기와 다를 바 없는 인간적인 모습을 보여줄 때 사람들은 자연스럽게 마음이 끌린다. 미국의 34대 대통령 드와이트 아이젠하워는 제2차 세계대전 당시 유럽연합군 최고사령관으로 노르망디 상륙 작전을 지휘하고 연합군을 승리로 이끌었다. 그가 유럽 전선에서 연합군 최고사령관으로 있었을 때의 일화는 아랫사람을 대하는 포용력과 이해심이 무엇인지를 잘 보여준다. 그가 참모와 부관들을 데리고 계단을 내려가는데 한 병사가 담배를 입에 문 채 계단을 올라오고 있었다. 병사는 아이젠하워를 향해 "Hey, do you have a lighter? (헤이, 불 좀 빌려줘)"라며 말을 건넸다. 아이젠하워는 잠자코 그 병사에게 담뱃불을 붙여주었다. 이상하게 여긴 참모들에게 아이젠하워는 이렇게 말했다.

"계단을 내려가는 나는 저 병사의 계급장이 보이지만, 계단을 올라오는 저 병사는 내 계급장이 보이지 않는다네."

그는 일개 병사의 건방진 말투를 탓하지 않고 그의 입장에서 생각해주었다. 그러한 친근하고 너그러운 성품은 많은 이들을 품을 수 있었고 인기 있는 군인이자 정치가로 기억되게 하였다.

언제나, 특히 궂은 일에 함께하라

한 일간지에 실린 기사 한 토막을 보자.

대기업 부장 김모(45)씨는 사내에서 '공포의 빨강펜'으로 불린다. 부하 직원들로부터 보고를 받을 때 빨강펜부터 집어 든다고 해서 붙여진 별명이다. 보고 대상으로서는 사내 최악으로 소문난 김 부장에게 보고를 앞둔 회사 직원들은 보고 일주일 전부터 신경이 극도로 예민해진다. 주말에도 쉬지 않고 나와 보고서를 준비해도 김 부장의 "이게 뭐야, 다시!"라는 한마디면 보고서와의 밑도 끝도 없는 씨름을 또 해야 하기 때문이다.

퇴근 시간이 다 되었는데 일을 시켜놓고 집으로 가버리는 상사, 업무 시간에는 회의다 뭐다 시간을 빼앗고 시간이 되면 나 몰라라 퇴근해 버리는 상사가 있다.

경험이 많은 상사가 한두 시간 만에 해결할 수 있는 문제를 부하직원이 밤새워 끙끙대도록 내버려 두는 경우도 많다. 명목상으로는 부하직원의 경험과 능력을 키워주기 위함이라고 하지만, 실제적으로는 본전의식에 기인된 경우가 많다. 자신도 과거에 그러한 경험을 했기 때문에, 그것이 옳든 그르든 부하들도 그런 고생을 해보아야 한다는 것이다.

힘든 일은 안 하고 생색내기 좋은 일은 자기가 다 한 것처럼 공을 가로채는 상사는 부하직원의 사기를 떨어뜨리는 제1의 적이다. 정말 힘들고 중요한 일은 상사가 먼저 팔을 걷어 올려 기안을 하고, 시간이 많이 소요되고 세부 조사가 필요한 부분은 부하직원이 책임지고 추진하도록 하는 등 역할을 나눠 수행해야 한다. 상사가 시간과 노력을 투자해 얻어낸 경험 요소는 그만큼 부하직원의 시간과 노력을 줄여주고 업무의 성과를 높이는 데 사용해야 한다.

에너지 : 힘을 주는 사람이 되라

리더의 리더십 세 번째 키워드 : 에너지 (부하직원을 신나게 하는 상사)

실천 과제

1. 부하직원에게 칭찬과 격려를 아끼지 마라.

2. 권한을 위임하고 스스로 일하게 하라.

3. 부하직원의 잘못은 내가 책임져 주라.

4. 부하직원을 믿고 초지일관하라.

부하직원에게 칭찬과 격려를 아끼지 마라

때로는 부하직원이 실수를 할 때도 있다. 하지만 그가 최선을 다했다는 판단이 들면, 상사는 "나는 너를 믿는다"라는 인식을 심어주어야 한다. 옛말에도 남자는 자신을 인정해주는 사람에게 충성을 다한다는 말이 있다. 비단 남자의 경우만은 아니다. 여성이든 남성이든 상관없이 예전보다 자아에 대한 존중감을 더욱 중시하는 요즘 세대들에게는 인정하고 칭찬하는 것이 무엇보다도 중요하다.

"칭찬은 고래를 춤추게 한다"는 말도 있다. 부하직원이 일을 잘 못한다는 생각이 들어도 그들이 가진 작은 장점이라도 찾아내어 칭찬을 해보라. 피동적이었던 그들이 점차 자신에 대한 확신을 가지며 능동적으로 행동이 바뀌게 될 것이다.

잘하는 부하에게는 칭찬을, 잘못한 부하에게는 격려를 해야 한다. 훌륭한 부하직원을 만드는 것은 상사의 칭찬과 격려이다. 부하직원의 능력을 최대로 끌어올리는 상사가 훌륭한 상사이다.

권한을 위임하고 스스로 일하게 하라

최근 기업체들은 일하는 조직을 만들기 위해 직위 체계를 없애고 전체 조직을 팀장과 팀원으로 단순화한 후, 팀장 주도하에 업무를 추진하도록 하고 있다. 일종의 권한 위임이다. 이러한 권한 위임은 경쟁력 있는 조직을 만들기 위한 좋은 방법이라고 생각된다.

다른 조직도 마찬가지이지만, 군 조직에는 전결 권한이라는 것이 있다. 비교적 덜 중요하다고 생각되는 업무는 예하부대 지휘관 및 참모들이 상급 지휘관을 대신해 결정한 후 책임감을 갖고 추진하도록 하는 제도이다.

리더가 전권을 행사한다고 가정해보라. 조직의 전략적인 목표를 수립하는 것에서부터 특정 부서가 하루에 해야 할 업무의 양까지 모두 리더가 결정해야 한다면 얼마나 비효율적이고 경직된 조직이 되겠는가. 변화의 시대, 경쟁의 사회에서 경쟁력을 갖출 수 없을 것이다. 아무리 시급하고 중요한 일이라 하더라도 최고 결정권자의 결정이 없다는 이유만으로 수수방관하게 될 것이다.

창조적이고 혁신적인 방법이 있더라도 리더가 결정해주지 않으면 생각에서 그칠 것이니 이런 조직에 있는 사람들은 주인정신도, 하고자 하는 적극성도 없기 때문에 머지않아 도태될 수밖에 없다.

권한위임이란 단순히 자신이 가진 권한을 다른 사람에게 주는 것이 아니다. 그 보다는 그 권한의 영향력을 창조적으로 분배하는 것이다. 상호간 영향을 줌으로써 서로의 능력을 키우고 더 많은 권한을 누리게 할 수 있게 하는 것이다.

이를 위해 리더는 부하직원의 가치를 인정해주고 그에게 정보와 지식을 제공하며 지원해야 한다. 해당 업무의 최종 상태와 목표를 명확히 제시하고 정보와 기술을 제공해주고 중간 중간 확인함으로써 업무의 과정을 통제한다. 리더가 적절히 권한을 위임하고 독려해줄 때 업무의 성과를 제고시킬 수 있음은 물론 구성원들에게 동기부여를 제공하고 능력을 더욱 높일 수 있다.

부하직원의 잘못은 내가 책임져 주라

부하직원의 마음을 한 번에 사로잡는 방법이 있다. 부하직원의 잘못을 감싸안아주고 책임져주는 것이다.

자기 밑에 있는 부하직원에게 책임을 돌리기 바쁜 상사들이 있다.

상급자로부터 잘못을 지적받거나 일이 제대로 되지 않았을 때 부하직원의 이름을 들먹이는 상사는 최악의 상사다.

팀의 잘못을 책임지는 것도 리더의 몫이다. 잘못을 아랫사람에게 떠넘기면 그때의 위기를 모면했다고 생각할지 모르지만 윗사람으로부터도 좋은 평가를 받을 수 없다. 부하직원에게 책임을 돌리는 모습은 얼마나 무능력해 보이는가. 지금은 그가 상사의 자리에 앉아 있을지 모르지만, 머지 않아 그는 리더로서의 역량이 없다는 평가를 받게 될 것이다.

책임을 부하직원에게 돌리는 상사를 보면 부하 직원은 모든 신뢰가 한꺼번에 깨지는 것을 느낄 것이다. 책임을 져주고 든든한 울타리가 되어주는 상사에게 부하직원들은 마음을 움직인다.

부하직원을 믿고 초지일관하라

피그말리온은 그리스 신화에 나오는 조각가의 이름이다. 그는 자신이 만든 조각상을 너무도 사랑한 나머지 신에게 조각상에 생명을 불어넣어주기를 간절히 기원했다. 여기에 감동한 신은 결국 조각가의 부탁을 들어주었다고 하는데, 이처럼 누군가를 향한 간절한 기원이 그대로 실현되는 것이 바로 피그말리온 효과이다.

한 사람의 운명을 바꿔놓는 것 중에서 가장 큰 영향력을 차지하는 것이 사람에 대한 믿음이다. "네가 뭘 할 수 있어?", "네가 하는 일이 그렇지 뭐"라고 비웃으면서 처음부터 그런 결과가 나올 줄 알았다는 반응을 보인다면, 부하직원들은 잘할 수 있는 일도 대충 하게 된다. 그러나 부하를 믿고 "넌 할 수 있어", "역시 자네뿐이구먼!" 하고 격려한다면 부하직원은 큰 힘과 용기를 얻고 일을 더 잘할 수 있다. 이렇게 믿음을 보여준 경우가 그렇지 않은 경우보다 업무의 능률이 배가된다고 한다.

부하직원의 잠재력을 믿고 인정해주어야 한다. 그러면 부하는 그 기대에 부응하기 위해 더 많은 노력을 하게 되고 결과도 좋아진다. 또한 당신의 애정과 기대가 더욱 커지는 선순환이 일어나게 되어 피그말리온 효과는 극대화된다.

당신이 얼마나 믿고 일을 맡기느냐에 따라 부하직원의 태도와 능력, 성과가 크게 달라진다. 이것이 부하직원을 소중하게 생각하는 참된 상사의 모습이다.

Tip! 자녀를 향한 4방향 리더십

자녀는 가족 중 나의 아랫사람에 속한다. 자녀에게는 포기할 수 없는 부분이 많다. 모두 잘되기를 바라는 마음에서 나오는 것이다. 그러나 그런 이유로 우리가 누구보다 강압적인 태도를 보이게 되는 것이 바로 자녀이다.

자녀를 대할 때는 나에게 속해 있는 사람이라는 생각을 버리고 독립적인 한 사람으로 대하겠다는 마음가짐을 가져야 한다. 나의 분신이라는 생각은 위험하다. 자칫 잘못하면 나와 똑같은 사람이 되기를 강요하다 자녀에게 큰 상처를 주게 될 수도 있다.

한 사람의 인생에서 가장 중요한 시기를 살고 있는 자녀를 배려하는 마음이 필요하다. 성인과 똑같은 것을 요구해서도 안 되고, 성인이 아니라고 해서 자녀의 뜻을 무시해서도 안 된다. 이해심을 가지고 마음을 넓게 열어 품어줄 때 자녀는 부모에게 마음을 열고 부모를 의논 상대로 생각하며 함께 살아가는 방법을 배우게 된다.

자녀를 대하는 리더십의 실천

1. 논리적으로 대화하라.

자녀를 대할 때는 욕심과 감정이 앞서는 경우가 많다. 자식에게는 그래도 된다고 생각하기 때문이다. 그러나 자녀도 하나의 인격체이다. 특히 자녀를 꾸짖을 때 감정을 앞세우지 말고 차분하게 논리적으로 대화를 통해 이끌어가야 한다.

2. 모든 것을 다 잘하라고 강요하지 말라.

자녀에게 너무 많은 짐을 안겨주지 말아야 한다. 요즘 부모 자식 간의 문제는 부모의 과도한 욕심이 원인이 되는 경우가 많다. 아이들은 성장하고 있는 중이니 지켜봐주는 것이 필요하다.

3. 자녀에게 늘 관심을 기울이고 살펴라.

자녀가 어떤 학교 생활을 하고 있는지, 어떤 생각을 갖고 있는지 무관심하다가 성적이 떨어지거나 문제를 일으키면 그제서야 화를 내는 부모들이 있다. 아무리 바쁘더라도 자녀의 표정이 어떤지, 말수가 줄어들거나 우울해하지는 않는지 살펴주어야 한다. 아이들은 문제가 있어도 부모에게 벽을 느끼면 말을 꺼내지 못한다.

4. 꿈을 가진 아이로 키워라.

아이들이 긍정적인 생각을 가질 수 있는 환경을 만들어주어야 한다. 부모가 미래에 대해 부정적인 생각과 불만에 싸여 있으면 아이들은 세상을 어둡게 바라보게 된다. 부모가 노력하며 사는 모습을 보여주면 아이들은 그것을 자연스러운 삶의 태도로 배우게 된다. 자녀들이 절망부터 배우지 않도록, 꿈을 가지며 자라날 수 있도록 도와주어야 한다.

5. 자녀의 입장에서 생각하라.

이미 성인이 된 우리는 자녀의 입장을 잘 생각하지 못한다. 부모가 아닌 자녀의 입장에서는 나름대로 어려운 일들이 많다. 자신의 어릴 때를 돌아보고 자녀를 이해하려는 노력을 해야 한다. 그리고 더 나아가 나의 어린 시절과는 다르다는 것도 인정해주어야 한다. 우리 아이들은 우리와는 다른 경험을 하며 자라고 있다.

6. 권위의식을 버리고 인간적으로 대하라.

자녀에게 어른으로서의 모습을 보이는 것은 중요한 일이다. 어른답고 의지할 수 있는 든든한 존재가 되어주어야 한다. 그러나 권위의식을 갖고 고압적으로 대하는 것은 좋지 않다. 때로는 인간 대 인간으로 자녀를 대할 필요가 있다. 그래야 자녀가 성장할 수 있다.

7. 언제나, 특히 궂은 일에 함께하라.

자녀에게 '내가 늘 너와 함께 있다'는 믿음을 심어주어야 한다. 부모가 자녀에게 줄 수 있는 최고의 선물은 자녀의 마음을 든든하게 해주는 안정감이다. 어렸을 때 부모로부터 안정감을 느낀 자녀는 어려운 일이 닥쳐도 쉽게 흔들리지 않는 강한 마음을 지니게 된다.

8. 칭찬과 격려를 아끼지 마라.

어린 자녀는 질책보다는 칭찬이 필요하다. 아이가 뿌듯한 마음이 들 때까지 칭찬해 주라. 자녀들이 자라면서 잘할 수도, 잘못할 수도 있다. 잘한 것은 칭찬해 주고, 실수한 것은 격려해 주라. 무엇이든 칭찬할 거리를 찾아보라. 아이들을 긍정적인 행동으로 이끌어주는 것은 칭찬이다.

9. 스스로 할 수 있도록 내버려 두라.

하나에서 열까지 잔소리를 하거나 답답한 마음에 대신 해주지 말라. 늦더라도 자녀가 스스로 할 기회를 주어야 한다. 청소년기의 자녀라면 더더욱 지나친 간섭을 삼가고 아이가 스스로 할 때까지 기다려주는 것이 필요하다. 아이들은 강요한다고 해서 변하지 않는다.

10. 자녀의 잘못은 내가 책임져주라.

옛날 어른들은 자녀가 잘못을 저질렀을 때 자기 자신에게 회초리를 때렸다. 그것을 본 자녀들은 자신이 매를 맞을 때보다 더욱 뼈저리게 잘못을 깨달았다. 자녀가 잘못

되는 것은 부모의 탓이다. 잘할 때만 내 새끼, 못할 때는 남의 아이처럼 대하지 말라. 잘못을 꾸짖더라도 부모가 사랑하고 있다는 것을 알게 해주어야 한다.

11. 자녀를 믿고 초지일관하라.

자녀에게 한결같은 모습을 보이는 것은 부모로서 참으로 어려운 일 중 하나다. 간혹 부모들은 자녀에게 실망하는 모습, 미워하는 모습을 보이게 된다. 내 자식이기 때문에 말썽을 부리면 더욱 실망하게 되는 것이다. 그러나 내가 믿어주는 만큼 아이는 성장할 것이다. 그것을 잊지 말고 일관되게 믿음을 보여주자. 그런 믿음과 사랑을 받은 아이는 결코 부모를 실망시키지 않는다.

나를 돌아보기

1. 당신이 생각하는 리더십이란 어떤 것인가?

2. 당신은 부하직원이나 아랫사람에게 인간적으로 다가간 적이 있는가?
   혹 권위를 먼저 내세우지는 않는가?

3. 당신은 부하직원들이 마음껏 일할 수 있는 환경을 만들어주고 있는가?
   또 당신은 부하직원의 잘못까지 책임져주는 든든한 상사인가?

4장

선순환을 만드는 리더십의 원리

01

당신의 조직은 어떤 문제에 빠졌는가?

모두가 세상을 변화시키려고 생각하지만, 정작 스스로 변하겠다고 생각하는 사람은 없다 - 레프 톨스토이

구성원들이 각자의 위치에서 리더십을 발휘하지 않으면 조직은 효율적으로 돌아가지 않는다. 상사가 볼 때는 열심히 일하는 척하지만 틈틈이 인터넷 서핑으로 시간을 보내는 이들이 있다. 국내 몇몇 대기업들은 업무 시간 내 포털 사이트에 대한 접근을 아예 차단해버렸다. 인터넷으로 온갖 정보를 수집하는 첨단 정보화 시대에 국내 최대, 최고 기업에서 이런 비효율적인 일이 이루어지고 있다.

중간 단계의 리더가 제 역할을 하지 못하면 직원들은 다른 곳으로 옮길 궁리만 하게 된다. 마커스 버킹엄은 《유능한 관리자(First, Break all the Rules)》에서 직원들이 회사를 떠나려 하는 이유는 대개 회사의 비전과 같은 커다란 문제가 아닌, 직속 상사 때문이라고 밝혔다. 지

금 내 부하직원이 회사에서 다른 사람들의 눈을 피해 이력서를 작성하고 있다면? 그 원인은 나에게 있다는 것이다!

지금, 당신의 조직에서는 무슨 일이 벌어지고 있는가?

지금 우리는?

우리는 동료의 파티션 너머에서 무슨 일이 일어나고 있는지에 너무나 무관심하다. 책상에 쌓여 있는 업무들이 직원들 사이의 통로를 막아버리고 있다.

내 옆자리의 동료가, 부하직원이 어떤 생각을 하고 있는지 한번 돌아보자. 그들은 지금 이곳에서 과연 얼마나 만족하고 있을까?

꿈 많은 인턴 사원 나정애 씨

나정애 씨는 국내 최고 기업 A사의 인턴 사원이다. 그녀의 월급 중 절반은 손에 만져보기도 전에 학자금 대출과 월세로 빠져나간다.

그녀는 정규직이 되기 위해서 할 수 있는 일은 자기 능력을 계발하는 것밖에 없다고 생각한다. 서울에 있는 대학을 졸업하고 높은 토익 점수를 받았지만, 적은 월급을 쪼개 아직도 영어회화 학원에 다니고 있다. 대기업 정규 직원이 되려면 능통한 영어회화는 기본이기 때문이다.

그러나 일주일에 세 번 학원에 가기 위해 조금 일찍 퇴근을 할 때마다 눈치가 보인다. 강 대리의 웃음기 없는 얼굴을 볼 때마다 심장이 쪼그라드는 기분이다. 차라리 학원을 그만두고 회사에 남아 야근을 하는 것이 이 회사에서 오래 버티는 길이 아닐까 하는 생각이 든다.

그러나 어차피 인턴 사원인 자신이 회사에서 몸 바쳐 일하며 자기계발을 소홀히 했다가는 정규직은 커녕 인턴으로 끝나버릴 것만 같다.

8시 학원 시간에 맞추기 전 김밥이라도 사 먹으려면 7시 20분에는 사무실을 나서야 한다. 시간이 다가올수록 나씨는 자꾸 강 대리 쪽을 흘깃흘깃 살펴본다. 오늘도 저녁은 먹지 못하고 학원으로 직행해야 할 것 같다.

일이 너무 많은 강 대리

강장수 대리는 팀 업무가 너무 많은 것이 짜증이 난다. 게다가 남 부장에게 제출해야 할 보고서 마감이 내일이다. 여간해서는 부하직원을 칭찬하지 않는 남 부장, 내일 자신의 보고서가 어떻게 평가받을지 걱정이다.

이제 조금만 더 정리하면 되는데 회사에서는 짬이 나지 않는다. 오늘 밤 집에 가서 하지 않으면 내일 오전 중에도 시간이 나지 않을 것 같다. 하지만 이것이 어떻게 잡은 기회인가! 5년 평직원 끝에 대리를 달고 이제야 기획력을 인정받을 수 있는 기회이다.

대리는 왜 이렇게 할 일이 많은가? 실무는 실무대로 해야 하고 이제 부장이 지시하는 보고서까지 작성해야 한다. 하지만 여기서 인정받지 못하면 계속 눈칫밥 신세일 것 같다. 신입사원이고 인턴 사원이고 믿고 일을 맡길 사람은 하나도 없다. 입사 동기인 이 대리도 목소리만 컸지 서류 정리에서는 영 잼병이다. 커피 마시면서 상사 욕할 때 빼고는 별로 도움도 안 된다.

결국 내가 다 해야 한다. 그런데 다들 퇴근할 궁리만 하는 것 같다.

워크홀릭에 빠진 장 팀장

장석환 팀장은 휴대하기 편한 핸드폰 블루투스 헤드폰에 대한 아이디어를 내며 기획3팀의 팀장으로 임명되었다. 이 아이디어를 상품화하기 위해서는 완벽한 시장조사와 여러 소재에 대한 원가 조사가 이루어져야 한다. 눈에 보이는 성과로 제시해주지 않으면 회사에서는 결코 제품 개발까지 가지 않을 것이다. 그래서 지금 그의 팀은 해야 할 일이 산더미다.

지난 기획팀 전체 회의에서 강 대리가 낸 아이디어를 남 부장이 보고서로 제출하라고 했다. 강 대리는 내 팀에 속해 있는 사람이고, 지금 업무로도 바쁘지 않은가. 팀원을 내 마음대로 쓰지 못하는데 무슨 일을 하란 말인가.

올해 연말까지 이 헤드폰을 개발하지 못하면 그는 팀장으로서의 능력을 인정받지 못할 것이다. 지금 목표는 헤드폰 개발뿐이다. 다른 건 아무것도 생각나지 않는다.

매출에 스트레스 받는 남 부장

기획팀을 총괄하는 남 부장은 요즘 마케팅부에서 매출이 시원치 않다는 말을 할 때마다 스트레스로 머리가 다 벗겨질 지경이다. 마케팅부는 은근히 그 책임을 기획팀에 떠넘기는 듯 보인다.

더 이상 무슨 획기적인 게 나올 수 있단 말인가. 이미 나올 만한 상품은 다 나오지 않았나. 직원들의 머리에서 더 이상 짜낼 게 없다.

요즘 직원들은 너무 나약하다. 안 되는 것도 되게 만드는 패기가 없다. 회의에서 내놓는 아이디어들이나 보고서들이나 한심할 뿐이다. 그런데도 무슨 불만들이 그렇게 많은가. 월급값도 제대로 못하고 있는 걸 내가 일일이 말을 해주어야 아나?

회사에서 설 자리를 잃고 있다는 기분에 남 부장은 우울해진다.

파티션 너머의 동료들

우리의 동료들은 이유와 상황은 모두 달라도 하나같이 힘들어하고 있다. 서로가 서로를 압박하고 서로가 서로를 감시한다.

여기에 '우리' 는 없다. 조직의 성과에 '우리' 라는 존재는 묻혀버렸다.

우리는 파티션 너머로 서로를 소외시키고 있다. 나정애 씨와 강 대리, 장 팀장, 남 부장 모두 마치 일과 성과만이 자신들의 동료인 것처럼 느끼며 산다. 당신이 속해 있는 조직도 이와 크게 다르지 않을 것이다.

나를 돌아보기

1. 당신은 상사와 동료, 후배들과 어떤 교류를 하고 있는가?

2. 당신은 동료들에게 당신의 고민을 말한 적이 있는가?

3. 지금 당신의 사무실에서 각각의 사람들이 어떤 생각을 하고 있을지 상상해보라.

02

당신의 조직이 최고가 되지 못하는
이유는 여기에 있다

인생은 자전거를 타는 것과 같다. 균형을 잡으려면 움직여야 한다 - 알베르트 아인슈타인

우리는 이론적으로는 잘 알고 있다. 부하직원의 마음을 알아주는
상사, 믿음을 주는 동료, 책임을 다하는 부하가 유기적인 조직을 이
끌고 성과로 연결된다는 것을 말이다. 그러나 회사 조직에서는 언제
나 성과가 사람을 앞선다. 눈에 보이는 성과를 내지 못하면 나는 끝
이라는 강박관념에 시달리게 만든다. 이런 상황에서 동료를 돌아보
고 아랫사람을 포용하고 윗사람을 존중하기는 쉽지 않다.

지금 동료들이 무슨 생각을 하고 있는지 돌아본 적이 있는가? 부하
직원이 무엇 때문에 시무룩한지 관심을 가져본 적이 있는가?

회사를 떠나는 직원들

"직원은 회사를 떠나는 게 아니라 리더를 떠난다"란 말이 있다. 인정하고 싶지 않겠지만, 내가 부하직원들을 떠나게 하고 있을지도 모른다.

사람들은 대개 사직서를 내며 "일이 나와 맞지 않아서", "더 좋은 기회가 있어서" 등의 이유를 들지만 대개 속마음은 '당신의 리더십에 문제가 있다고 생각해요'라는 것이다. 효율적으로 즐겁게 일할 환경이 되지 않는 것도 리더십의 문제라고 생각한다.

직원들이 회사를 떠나고 싶어하는 이유는 일이 뜻대로 되지 않기 때문이다. 동종 업계에서 같은 이력을 가지고 지금보다 더 높은 연봉을 받으며 이직하기는 쉽지 않다. 사람들은 그것을 알고 있다. 이직하기 위해 드는 시간과 노력이 만만치 않으며 직장을 나온 후 재취업 자체가 쉽지 않다는 것도 알고 있다.

그런데도 직장인의 47.3%가 이직할 곳이 정해지지 않았는데도 다니던 회사를 그만둔 적이 있다는 조사 결과가 나왔다(조선일보 2012. 9. 21) 취업 포털 사이트 인크루트가 직장인 749명을 대상으로 조사한 결과 89.5%의 직장인이 현재 이직을 간절히 꿈꾼다고 답했다.

이직을 원하는 이유는 '현 직장에 비전이 없어서'(29.7%), '연봉이 낮아서'(22.7%), '상사·동료와 맞지 않아서'(15.5%) 순으로 대답했지만, 이직을 강렬하게 원하는 계기로는 '함께 일하는 상사나 동료와 마찰이 있을 때'(29.9%)를 꼽은 사람이 가장 많았다.

왜 직원들은 불안한 미래를 감수하면서까지 이직을 꿈꾸는가? 한 의료 전문지에 실린 다음 기사는 우리의 현실을 돌아보게 한다.

5년 차 C제약 영업사원 역시 퇴직자들의 가장 큰 고민거리가 '인간관계'였다고 털어놨다.

그의 말을 들어보면 인간관계가 퇴직을 결정하는데 큰 부분을 차지한다. 실적이 안 좋거나 거래처 관계 형성이 잘 안 됐을 경우 직속 상관으로부터 심한 욕을 듣는 것은 물론, 왕따보다 더한 사내 분위기가 형성된다는 게 그의 설명이다.

이 영업사원은 "내가 있는 지역 담당 영업부 직원 수십 명 중 30%가 넘는 인원이 사직서를 제출했다. 가장 큰 원인은 인간관계에 있다. 신입 초봉이 영업활동비까지 포함해 4000만 원에 가까워 일반 대기업 부럽지 않은 연봉을 받고 있지만 인간관계가 해결되지 않으면 재직 자체가 힘들다"고 고충을 털어놨다.(데일리메디 2012. 10. 17.)

리더십의 부재

높은 자리에 있는 사람일수록 이러한 현실에 책임감을 느껴야 한다. 많은 부분 그들이 만들어놓은 상황이기 때문이다. 직원들이 일할 맞이 안 난다고, 상사와의 트러블을 견딜 수 없다고, 회사를 떠나야 겠다고 한다면 분명 윗사람의 리더십에 문제가 있는 것이다.

그러나 아랫사람이라 하더라도 책임이 없는 것은 아니다. 과연 나는 상사에게 일할 맛 나게 해주었는가? 상사를 존중하지 않으며 공공연히 무시하고 고립시키지는 않았는가? 내가 윗사람에 대해 리더로서 그 관계를 발전시키고 올바른 상방향 리더십을 실천했는가 돌아보아야 한다.

동료들 사이에 대화와 교류가 없다면 그것 또한 펠로우 리더십에 문제가 있는 것이다. 동료들이야말로 내가 능동적으로 관계를 만들어갈 수 있는 존재이다. 동료들 사이에 분란이 생긴다면 그것은 누구를 탓할 수 없다. 그런 분위기를 만드는 데 일조한 자기 자신의 책임이다.

각자 자기의 자리에서 리더십을 발휘하지 못하면 조직의 다사불란함은 깨지고 만다. 움직임이 둔해지는 일원들이 생겨나고 조직에는 침체의 기운이 감돌게 된다. 문제는 한두 사람에서 그치지 않고 주위로 퍼져나간다. 그렇게 하여 일하고 싶지 않은 조직이 되어가는 것이다.

그들이 원하는 것

관리직에 있는 사람들은 직원들의 불평이 많아지면 야유회나 회식 자리를 마련하여 사기를 높이려 한다. 그것이 직원들의 흩어진 마음을 하나로 모아줄 수 있을 것이라 기대한다.

이것은 아내의 불만이 하늘을 찌르는데 관계 회복을 위한 변화의 노력 없이 선물 하나로 모든 불만을 잠재우려는 시도와 같다. 아내는 잠시 입을 다물어줄지도 모르지만, 해결되지 않은 문제는 오래지 않아 다시 튀어나올 것이다.

더더구나 일주일 동안의 고된 업무에 지친 직원들에게 주말 야유회는 반가운 일이 아니다. 또 하루 종일 일하고 일찍 퇴근하고 싶어하는 직원들은 상사 눈치 보며 억지로 술을 마셔야 하는 회식을 좋아하지 않는다.

문제 해결의 열쇠는 모두 일상 속에 있다. 업무를 하는 과정에서 소통이 잘되고 효율적으로 진행되며, 그것으로 얻는 성취감이 있다면 직원들은 그 힘으로 하루하루를 버틸 수 있다. 그렇게 신나게 일을 하고 난 후에 즐기는 회식이라야 직원들에게도 즐겁고 사기를 높이는 데도 도움이 된다.

그들이 원하는 리더십은 그저 일을 잘할 수 있는 환경을 만들어달라는 것뿐인지도 모른다. 그들이 원하는 것은 일할 맛, 살 맛 나는 조직이다.

일본의 IT 기업 카약은 독특한 사내 제도를 가지고 있다. 바로 '주사위 월급' 이라는 것이다. 월급 전날 전체 직원이 모여 주사위를 던져, 거기서 나온 숫자의 퍼센티지만큼 월급을 올려 받는 것이다. 6이라는 숫자가 나오면 월급의 6%를 보너스로 받을 수 있다.

또 이 회사는 일상에 지친 직원들을 위해 '떠나는 지사' 라는 제도를 두었다. 국내외 명소에 임시 사무실을 차리고 직원들이 근무할 수 있도록 한 것이다. 물론 IT 업종의 특수성으로 타 지역에서 근무가 가능하기에 둘 수 있는 제도이지만, 직원들의 마음을 헤아리려는 경영진의 노력이 없었다면 이런 제도는 애초에 생각 자체가 불가능했을 것이다. 어떤 경영자가 똑같은 월급을 주고 일을 시키면서 직원들을 밖에서 근무하게 하겠는가.

이런 소문이 나자 이 회사의 입사 경쟁률은 치솟았다. 사람들이 진정으로 원하는 것이 무엇인지 다시 한 번 생각해볼 수 있는 좋은 예이다.

최고의 조직

구글은 미국에서 '신의 직장'이라 불린다. 2012년 미국 경제전문 지《포춘》은 미국 내 최고의 직장 100곳을 선정해 발표했는데, 그중 구글이 1위를 차지했다. 구글이 다니고 싶은 직장이 된 이유는 사원들의 복지를 최우선하고 창의력을 극대화하는 사무 환경을 조성한 것이 무엇보다 큰 몫을 차지했다. 여성 직원이 출산을 하면 세탁 및 청소 대행 비용으로 500달러의 보너스가 지급된다고 한다. 구글 코리아에서는 직원들이 게임기, 탁구대, 암벽등산, 도서관 등이 갖추어진 휴게실에 자유롭게 모여 휴식을 취하고 대화를 나눌 수 있다. 그들은 편안하고 자유로운 분위기에서 자신의 능력을 끌어낸다. 심지어는 반려동물을 직장에 데려오는 것도 가능하다고 한다. 직원들의 복장도 일률적인 정장을 고집하지 않는다. "정장이 없어도 진지하게 일할 수 있다(You can be serious without a suit)"는 것이 구글의 모토 중 하나이기 때문이다. 구글엔 하루에 1,300여 개의 이력서가 접수된다. 국내 법인 역시 국내 대학생들이 뽑은 입사하고 싶은 외국계 기업 순위에서 4년째 최고의 자리를 지키고 있다. 구글의 문화는 직원들이 위에서 시키는 일을 하기보다 스스로 문제를 발견하고 해결하는 것을 중요시한다. 각 직원들이 자기 자리에서 리더십을 실천하는 것이 무엇보다도 중요한 구글 사원의 자질이라는 것이다. 따라서 구글에 입사하기 위해서는 자발적인 리더십을 함양할 것이 권장된다. 자기 자신이 주인이 되어 창의성과 능력을 최대한으로 끌어올릴 수 있는 사람을 회사는 원하고, 그런 회사에서 일하고 싶어하는 입사 지원자가 하루에도 3,000명씩 줄을 서고 있다.

 이런 것이 우리가 생각하는 최고의 조직이 아닐까? 어떻게 하면 우리는 주어진 환경 안에서 이런 최고의 조직을 만들어 갈 수 있을까? 이에 필요한 것은 무엇보다 최고 리더의 의지이다. 최고 리더의 특별한 신념 없이는 이런 조직은 쉽게 만들어지지 않는다. 업무 시간에 자유로운 대화는 커녕 인터넷까지 차단해 버리려는 마인드로는 직원들의 창의성을 끌어낼 수 없다. 또 직원들은 조직의 리더들에게 믿음을 심어주어야 한다. 직원들이 시키는 일 밖에는 하지 못하고 자신을 팔로어로만 안주하며 리더십을 발휘하지 않을 때 윗사람은 그를 기계와 같이 대할 수 밖에 없다. 직원들이 스스로 리더가 될 때 위에서도 그를 리더로 대접한다. 리더는 상사의 지시만으로 일하지 않는다. 조직 안에서 자신의 역할을 스스로 찾는 사람이 바로 리더이다. 우리가 각자의 자리에서 타인을 돌아보고 리더십을 실천하며, 창의력을 발휘하여 우리 조직만의 효율적인 방법을 개척해 나갈 때 우리도 이런 일하고 싶은 조직을 만들 수 있을 것이다.

나를 돌아보기

1. 당신은 회사를 떠나고 싶었던 적이 있는가? 그 이유는 무엇이었는가?

2. 당신의 부하직원이 만족스럽게 회사 생활을 하고 있다고 생각하는가?

3. 당신의 리더십에 문제가 없는지 돌아보라. 그리고 가장 큰 문제는
   무엇인지 적어보자.

03

악순환에 맞서기

우리에게는 존재하지 않는 것들을 꿈꿀 수 있는 사람들이 필요하다 - 존 F. 케네디

어느 부자의 가족은 욕심 많고 서로 싸우기만 하였다. 그런데 이웃
집에는 언제나 웃음꽃이 피는 가족이 살고 있었다. 어느 날 부자가
이웃집에 가보니 그 집의 아버지가 짧은 양복 바지를 입고 있었다.
무슨 일이냐고 물으니 그가 웃으며 대답했다.

"양복 바지를 한 뼘만 줄여달라고 했더니, 아내가 한 뼘 줄이고, 첫
째 애도 한 뼘 줄이고, 둘째 애도 한 뼘을 줄여서 이렇게 짧아졌지 뭐
예요." 부자는 집으로 돌아와 식구들에게 바지를 줄여달라고 말했
다. 다음 날 보니 바지는 어제 그대로였다. 아내와 아이들을 불러서
물으니 모두들 서로에게 미루며 티격태격 싸우기 시작했다.

이것이 자기의 자리에서 리더십을 실천하는 조직과 그렇지 않

은 조직의 차이이다. 리더십의 부재는 조직원의 마음을 움직이지 못한다. 부자네 식구들처럼 서로 미루기만 하는 조직 속에서 변화는 영영 찾아볼 수 없게 된다. 생각과 행동을 바꾸지 못하고 이런 일이 되풀이되는 것이 바로 악순환이다.

4방향 리더십을 실천하라

4방향 리더는 자신의 공동체를 리더십을 갖춘 활기찬 팀으로 만든다. 기존의 조직에서는 정보나 지시가 상명하달식의 일방적 경로를 통해 일사불란하게 전파될 수 있는 반면, 구성원들 간 정보의 공유나 의사소통이 제한되는 경우가 많았다. 때문에 정형화된 조직 시스템의 위계에 따른 통로 중 어느 한 부분이 막혀 있거나 중간 과정에서 잘못 이해하는 인원이 생기면 올바른 정보 소통이 불가능했다. 정보나 지시를 수동적으로 받아들이는 조직원들은 그 이유나 배경에 대해 전혀 알지 못하고, 알고자 하는 노력도 하지 않기 때문에 이들로부터 공감과 지지를 이끌어낼 수 없다.

하지만 4방향 리더는 상하의 조직 구성원들은 물론, 동료들과 폭넓은 인간관계를 맺고 있다. 때문에 다양한 관계에 의한 연결망을 이용하여 중첩적으로 정보를 전파하게 된다.

때로는 리더가 제일 밑에 있는 직원에게 가장 먼저 정보를 전해주기도 하고, 하급 직원이 이해하지 못하는 부분에 대해서는 좀 더 구체적이고 명쾌하게 설명하려고 노력한다. 정보를 전달받은 사람들은 새로운 정보나 업무에 대해 본인부터 숙지하기 위해 자발적으로 노력하고 해당 업무에서 자신과 소속 부서가 해야 할 역할에 더욱 충실하기 위해 역량을 결집하려 한다. 이와 같이 4방향 리더가 보여주는 자세는 조직의 활동에 대해 보다 넓은 이해 기반을 제공해주며, 의사소통을 통한 정보와 비전의 공유는 구성원들로 하여금 조직에 대한 주인의식을 갖게 한다. 그리고 동료 리더들과 소모적인 경쟁을 일삼거나 편협한 시각으로 조직에 분란을 일으키기보다는 상호간의 신뢰와 협력에 기반을 둔 관계를 쌓으려 한다. 즉 4방향 리더는 각자가 리더이면서 한편으로는 조직의 구심점이 되는 것이다.

4방향 리더십 실천하기

- 상하좌우의 연결망을 원활하게 만들라.

- 자기 역할에 충실하라.

- 원활한 의사소통으로 정보와 비전을 공유하라.

- 조직에 대한 주인의식을 가져라.

리더십의 선순환을 일으켜라

대부분의 리더들은 자신의 실수나 실패에 대해 언급하는 것을 꺼린다. 우연하고 사소한 성공에 대해서는 과장되게 이야기하면서도 다시는 후배들이 겪지 말았으면 하는 최악의 실패도 완전히 드러나지 않았다면, 이를 덮으려 하고 가급적 포장하려 한다. 이러한 모습은 자신감 없는 리더일수록 더욱 뚜렷하다.

하지만 4방향 리더는 업무의 결과와 과정까지도 상하좌우 동료들과 서로 공유함에 따라 성공 사례는 물론 실패 사례까지 고스란히 전수할 수 있다. 때문에 4방향 리더는 상사의 경험과 노하우, 리더십까지도 전수받게 된다. 이를 바탕으로 부하직원에게는 훌륭한 역할 모델이 되고, 동료 리더들과는 상호 발전의 계기를 마련한다.

이와 같은 역할은 4방향 리더가 주변과 유기적으로 연결되어 있고 원활한 의사소통이 이루어지고 있기 때문에 가능한 것이다.

조직 구성원 모두가 주체적이고 능동적인 자세로 조직 활동에 참여한다면 4방향 리더십을 갖출 수 있고 그러한 리더십을 펼칠 수 있다. 또한 아랫사람에게는 리더십을 학습하는 과정이 된다. 이러한 과정을 거쳐 4방향 리더는 한 단계 높은 단계로 발전하고, 조직은 지속적으로 훌륭한 리더를 보유하고 리더십을 갖출 수 있게 되는 것이다.

리더십의 선순환

• 업무의 결과와 과정을 공유하라.

• 성공 사례와 실패 사례를 전수하라.

• 상사의 리더십 경험과 노하우를 후배에게 전하라.

미래를 대비하는 조직 만들기

4방향 리더십의 또 다른 강점은 변화에 대응하는 자세에 있다.

예전보다 넓어진 생활 반경으로 인해 우리는 다양한 지역의 사람들과 마주할 수 있게 되었다. 조직의 활동 또한 그 범주를 해외로까지 넓히는 경우도 많아져 이전에는 생각할 수 없었던 기회와 변수들이 갑자기 등장하기도 한다.

4방향 리더는 이런 상황에서 언제나 적극적으로 행동한다. 타인을 포용하려는 태도는 시간과 공간의 차이를 극복하고 외부의 변화를 자신의 것으로 받아들이도록 한다.

그리고 열정적으로 조직의 일을 처리하려는 자세는 변화에 대비해 보다 많은 것을 익히고 준비하기 위한 노력으로 이어진다. 때문에 조금 더 편리하고 효율적인 일처리를 가능하게 해주는 수단과 새로운 기술이나 기법 등을 남들보다 빨리 습득하곤 한다. 변화를 자기 것으로 민감하게 받아들이는 것이다.

일을 처리하는 방식에 있어서도 과거의 방식을 집착하지 않는다. 같은 업무를 수행하더라도 자신이 익힌 변화의 요소들을 통해 도전정신을 갖고 창조적이고 효율적으로 처리한다. 그리고 업무를 추진하는 과정에서 장애가 나타나면 단념하지 않고 자신의 새로운 지식을 다양한 방법으로 응용해보려고 시도함으로써 그 한계를 극복하려 한다.

미래를 대비하려면

• 타인을 포용하는 자세를 가져라.

• 외부의 변화를 받아들여라.

• 과거의 방식에 집착하지 말라.

• 새로운 지식을 응용하고 시도하며 한계를 극복하라.

비전을 제시하는 리더 되기

다양한 변화를 수용하고 이를 극복하고자 노력할 때 나타나는 가

장 큰 장점은 바로 변화의 흐름을 파악할 수 있다는 것이다. 즉 시간
이 흐르면서 나타나는 변화의 모습, 지역 간에 나타나는 변화의 속
도, 세계적으로 나타나는 새로운 변화의 양상 등을 느낄 수 있는 것
이다.

이는 구성원들을 하나로 규합하고 조직을 운영하는 데에도 큰 도
움이 되지만, 더욱 중요한 것은 바로 조직이 나아가야 할 미래의 모
습을 구상해볼 수 있다는 데 있다.

조직이 나아가야 할 방향을 설정하는 것은 리더십의 필수적인 부
분이다. 리더가 리더로서 제대로 된 영향력을 행사하기 위해서는 조
직이 나아가야 할 방향, 즉 조직의 비전을 가지고 있는 것이 무엇보
다 중요하다.

이러한 비전이 리더 개인만의 것이라면, 그것은 현실성이 떨어지
는 망상에 지나지 않을 것이다. 하지만 공동체 구성원이 리더의 비전
을 공유하고 실현시키기 위해 노력한다면, 이는 목표가 되고 머지 않
아 현실이 된다.

4방향 리더십을 갖춘 리더는 조직의 비전을 구성원들과 함께 구상
할 뿐만 아니라, 조직원들에게 그것을 제시할 수 있다. 그리고 나아
가 조직원 모두가 비전을 공유하고 공감하며, 조직의 발전을 위해 노
력하게 만든다. 모두의 미래를 밝게 열어가게 하는 힘, 이것이 4방향

리더십의 강력한 힘이다.

> **조직의 방향을 설정하는 리더는**
>
> • 조직의 비전을 구성원들과 함께 구상한다.
>
> • 조직원 모두가 비전을 공유하고 공감하게 만든다.
>
> • 조직원을 행동하게 만드는 에너지가 넘친다.

나를 돌아보기

1. 당신의 조직 구성원들은 각자 4방향 리더십을 실천하고 있는가?

2. 당신 조직의 문제점은 무엇인가?

3. 당신의 조직에 선순환을 일으키기 위해서는 어떻게 해야 하는가?

04

4방향 리더십에 대한 네 가지 질문

이제 이야기를 정리할 때가 되었다. 마지막으로 4방향 리더십에 관한 몇 가지 질문을 준비하였다. 이 책에서 제시한 4방향 리더십의 의미가 무엇인지 다시 한 번 정리해보는 기회가 될 것이다.

4방향 리더로 살아간다는 것은 어떤 것인가?

4방향 리더로 살아간다는 것은?

• 사회적인 평가에 휘둘리지 않고 자신의 삶에 집중하며 살아간다는 것

대부분의 사람들은 자신의 사회적 지위와 외부적 평가에서 스스로의 존재 가치를 찾으려고 한다. 현재의 지위나 물질적인 것에 집착하

며, 과정보다는 결과만을 중시하는 경우가 많다. 이러한 사람들의 공통점은 시간과 상황에 따라 서로 다른 기준을 적용하면서 자기 합리화를 꾀하고자 한다는 점이다.

그러나 긍정적으로 생각하고 적극적으로 행동하는 4방향 리더는 지위가 아닌 자신의 정체성을 찾고, 자아를 실현하려는 과정에서 삶의 가치를 느낀다. 사회적인 평가보다 스스로 만족하는 삶을 살고자 노력한다. 그들은 현재의 위치에서 자신이 하고자 하는 일을 하면서 잠재력을 이끌어내고 이를 극대화하는 것을 통해 자신감을 찾는다. 때문에 4방향 리더는 자신의 행동에 신중을 기하면서 항상 열정적이고 충실한 삶을 살고자 노력한다.

4방향 리더로 일한다는 것은 어떤 것인가?

4방향 리더로 일한다는 것은?

• 크게 볼 줄 알기에 작은 일에 일희일비하지 않고 뚝심 있게 나아갈 수 있다는 것

일하는 조직 안에서는 상, 하, 좌, 우의 압박 속에서 자기 생각대로 행동하기 쉽지 않다. 하기 싫은 일도 해야 하는 것이 직장이고, 때로

는 불합리한 일도 참아야 하는 것이 조직 생활이다. 일이 계획대로 진행되지 않을 때도 있고 주위 사람들과의 관계가 쉽게 풀리지 않을 때도 있다.

그러나 4방향 리더는 자신이 리더임을 알기에 항상 긍정적인 마음으로 하는 일을 즐길 수 있다. 일을 진행해갈 때 드러난 현상만을 놓고 성급하게 일희일비하지 않고 왜 이런 일이 일어나는지, 어떤 과정을 거쳐 이러한 결과가 나타났는지, 앞으로 어떻게 전개될 것인지를 생각해보려고 한다.

사람과의 관계를 큰 틀에서 이해하고 있기 때문에 감정 싸움에 정력을 소모하지 않는다. 타인을 포용하는 자세는 어려운 관계를 풀어가는 열쇠가 된다.

결국 자신의 위치와 해야 할 일을 알고 있는 4방향 리더는 작은 일에 휘둘리지 않고 뚝심 있게 앞으로 나갈 수 있다. 업무에서나 직장 내 인간관계에서나 자신의 중심을 지키며 조직의 구심점 역할을 하게 된다.

4방향 리더는 좌절을 어떻게 받아들이는가?

힘든 일이 닥쳤을 때 4방향 리더는?
- 감정에서 빨리 벗어나 문제의 해결 방법을 찾는 데 집중한다.

아무리 긍정적인 사람이라도 문제 상황이 발생하면 좌절하기 마련이다. 그러나 4방향 리더는 그 좌절감에서 빨리 벗어날 수 있다. 문제를 문제로 받아들이고 그것을 확대해석하지 않는다.

자신의 위치를 확실히 알고 있는 4방향 리더는 타인의 비판도 순수하게 받아들일 수 있다. 타인의 조언을 적극적으로 받아들이고 자기 성장의 밑거름으로 삼는다. 타인의 시선에 좌우되지 않기에 자신감을 잃지 않는다.

자신을 믿는 사람은 우울감에서 보다 쉽게 벗어날 수 있고 자기 안에서 다시 일어설 에너지를 찾을 수 있다. 시련을 극복한 경험은 앞으로의 인생에 더 큰 자신감을 갖게 하고, 웬만한 일에는 쓰러지지 않는 강한 사람으로 만들어준다.

4방향 리더는 타인을 어떻게 리드하는가?

조직에서 4방향 리더는?

• 소외된 사람 없이 공동의 목표를 향해 나아갈 에너지를 퍼뜨린다.

4방향 리더는 자신에게 늘 엄격한 기준을 적용하되 타인을 최대한 배려하는 태도로 대한다. 동료는 물론 조직 구성원 모두를 먼저 생각하는 공동체적 태도, 즉 역지사지의 자세로 타인을 대하는 것이다.

아랫사람으로부터 기대 이상의 반응이 나타났다고 무턱대고 과도한 보상을 안겨주거나 칭찬을 일삼아 경거망동하는 부하로 만들지 않는다. 또한 실수나 실패를 저지른 사람에게는 화를 내는 대신 포용력을 발휘해 차분히 스스로를 돌아볼 수 있는 여유를 준다.

따라서 4방향 리더는 사람들을 한 데 뭉치게 하는 영향력을 갖는다. 소외된 사람도 돌아볼 줄 아는 따뜻한 배려와 많은 이들을 긍정적으로 이끄는 에너지를 가지고 있기에, 이런 사람이 있는 조직은 좋은 기운이 형성되어 공동체의 목표를 향해 순탄하게 나아갈 수 있다.

| 맺음말 |

여러분은 잘 돼가십니까?

우리는 모두 각자의 자리에서 리더이다. 우리는 스스로 조직의 중심에 설 수 있다. 생각과 행동을 '종속적인 사람' 에서 '리더' 로 전환해보라. 그러면 할 수 있는 가능성이 보인다.

위로는 상사나 부모를 이해하고, 옆으로는 동료나 친구를 북돋우며, 아래로는 부하직원이나 자녀를 보듬는 것, 그것이 각자의 위치에서 우리가 해야 할 일이다. 주위를 돌아보고 함께 나아가야만 인생을 풍요롭게 살 수 있다.

인생을 길게, 넓게 볼 수 있는 사람은 작은 스트레스에 휘둘리지 않는다. 마음이 풍요로운 이들은 자기 앞에 닥친 문제를 해결하는 데도 자신감을 보인다.

나는 이 책에서 두 가지의 변화를 제안했다. 생각은 긍정적으로, 행동은 적극적으로.

어떤 압박이 우리를 둘러싸도, 어떤 불안감이 우리 사회를 뒤숭숭

하게 만들어도 이 두 가지 원칙만 잊지 않는다면 우리는 당당하게 부딪쳐나갈 수 있다. 당신이 가진 문제가 무엇이든 절망하지 말라. 결국 용기를 갖고 일어서는 사람이 자신을 바꾸고, 세상을 바꾼다.

긍정의 힘은 자신의 부족한 부분을 극복하고 자신의 장점을 극한으로 끌어올려 어떠한 불가능도 가능하게 만들며 나의 생각과 행동, 인품, 심지어는 나의 인생까지도 바꾸는 놀라운 마법이다. 이 마법이 여러분의 인생에도 펼쳐질 수 있다. 생각하는 것이 무엇이든 자기 자신을 믿고 적극적으로 행동해보라. 비전을 현실로 바꾸는 것은 바로 우리의 행동이다.

목표를 성취하려는 열정을 가진 사람, 주위 사람들에게 감사하는 마음을 지닌 사람, 절망하지 않고 도전을 거듭하는 사람, 타인의 실수까지도 감싸 안을 수 있는 포용력으로 무장된 사람, 불의와 타협하지 않는 청렴한 사람은 결국 인생의 성공이라는 탐스러운 열매를 맺을 수 있다.

자신을 다른 이와 비교하고 자신의 환경을 비관하는 이들은 첫 단추부터 잘못된 것이다. 모든 것은 우리 마음에서 시작된다. 내 마음이 풀 한 포기 자라날 수 없는 황량한 사막이라면 아무도 그곳에 머물 수 없다. 자기 자신도 그곳에서는 오래 살 수 없다. 그런 마음으로는 갈증을 이겨낼 수 없고 오래 버틸 수 없을 것이다.

곳곳에 나무를 심고 꽃을 가꾸어 오아시스를 만들어야 한다. 지금 당장 당신의 마음을 풍요로운 정원으로 만들 수는 없다 해도, 아직은 황량한 사막 같은 곳이라도, 적어도 사람이 살 수 있는 사막은 되어야 하지 않겠는가.

오늘 하루 부딪치는 많은 사람들은 모두 우리의 동반자들이다. 이 사회라는 한 울타리 안에서 함께 살아가는 사람들이다. 그리고 당신은 그 관계의 리더이다. 어떤 관계를 만들어나갈지는 당신에게 달려 있다. 이것이 바로 4방향 리더십의 요체이다.

스스로 주인인 사람은 앞의 질문에 당당하게 답할 수 있을 것이다.

"당신은 잘 돼가십니까?"

"네, 꽤 잘해나가고 있습니다."

당신이 당신의 운명을 바꿀 바로 그 사람이기 때문이다.

부록

리더십 체크 리스트

*각 문항에 대해 자신의 해당 정도를 체크한다.

최고 ------ 최저

			최고				최저
팔로어 리더십 체크	1	상사와 자연스럽게 대화를 시도하는 편이다.	4	3	2	1	0
	2	상사의 의도를 정확하게 파악한다.	4	3	2	1	0
	3	상사에게 적시에 보고하는 것을 어려워하지 않는다.	4	3	2	1	0
	4	말보다는 행동을 통해 상사에게 믿음을 심어준다.	4	3	2	1	0
	5	내 업무에 대해서는 철저히 파악하고 있기 때문에 언제라도 설명할 수 있다.	4	3	2	1	0
	6	상사가 찾기 전에 필요한 업무를 준비할 수 있다.	4	3	2	1	0
	7	주어진 업무에 대해 완수할 수 있다는 자신감을 보여준다.	4	3	2	1	0
	8	자신의 선에서 필요한 의사결정을 결단력 있게 내린다.	4	3	2	1	0
	9	새로운 아이디어와 발상 전환으로 팀의 곤란한 상황을 돌파할 수 있도록 돕는다.	4	3	2	1	0
	10	상사를 마음으로부터 존중하고 험담을 하지 않는다.	4	3	2	1	0
	11	상사와 의견 충돌이 있을 때 자신의 입장을 분명하게 말할 수 있다.	4	3	2	1	0
	12	팀 전체의 이익을 위한 의견이 있을 때는 상사와도 합의를 이끌어낼 수 있다.	4	3	2	1	0
	13	상사가 한 이야기를 동료들에게 퍼뜨리지 않는다.	4	3	2	1	0
	14	상사가 힘들어할 때는 먼저 다가가 힘을 주는 편이다.	4	3	2	1	0
	15	상사를 비롯한 팀에 활력을 불어넣는 담소와 유머를 주도할 수 있다.	4	3	2	1	0

* 모두 더한 값을 도출한다. 이것이 당신의 팔로어 리더십 지수이다.

나의 팔로어 리더십 지수는?

결과 보기

45~60점

당신은 매우 훌륭한 팔로어 리더십을 실천하고 있다. 상사에게 믿음을 주고 자신의 업무에도 충실한 사람이다. 이런 사람은 상사의 믿음을 얻고 자신의 업무 범위를 확대하여 미래에 크게 발전할 가능성이 높다.

30~45점

당신은 분란을 일으키지 않는 얌전하고 일 잘하는 부하직원일지 모른다. 조직에 도움이 되는 존재이지만, 윗사람들에게는 잊히기 쉬운 부하직원이기도 하다. 좀 더 적극적으로 자신의 존재를 알리자.

15~30점

당신은 상사를 껄끄럽게 여기고 되도록이면 눈에 띄지 않으려 한다. 상사를 대할 때 마치 학교 선생님을 대하듯 주눅들어 있지 않은지 돌아보라. 동료들 사이에서는 인기가 있을지 모르나 상사에게는 눈엣가시 같은 존재가 될 수도 있다. 조심하라.

0~15점

당신의 팔로어 리더십에는 많은 문제가 있다. 상사에게 심한 반감을 드러내고 있고, 업무 수행에 비협조적이다. 이런 부하직원이 상사에게는 언제나 해고 일순위임을 명심하라.

최고 ------ 최저

펠루우 리더십 체크	1	동료들과 쉽게 친밀감을 형성한다.	4	3	2	1	0
	2	타인의 성격과 개성에 맞게 대화를 시도할 수 있다.	4	3	2	1	0
	3	동료들의 험담을 절대로 하지 않는다.	4	3	2	1	0
	4	특정 동료의 능력이나 성격에 문제가 있어도 그를 감싸주는 편이다.	4	3	2	1	0
	5	동료들이 좌절하거나 의기소침하지 않도록 도움을 줄 때가 많다.	4	3	2	1	0
	6	의견이 다를 때 상대방이 수용할 수 있도록 설득력 있게 말할 수 있다.	4	3	2	1	0
	7	싸움 없이 갈등을 해결하고 타인을 인정할 수 있다.	4	3	2	1	0
	8	동료들 간에 분란이 생겼을 때 잘 조절해주는 편이다.	4	3	2	1	0
	9	팀에 문제 상황이 생겼을 때 주위를 독려하여 문제 해결에 나설 수 있다.	4	3	2	1	0
	10	팀의 업무를 내 업무보다 우선 처리한다.	4	3	2	1	0
	11	다른 팀의 업무 협조 요청이 있을 때는 적극적으로 돕는다.	4	3	2	1	0
	12	팀의 어려운 문제나 남들이 하기 싫어하는 일에는 먼저 나서는 편이다.	4	3	2	1	0
	13	하기 싫은 일이라도 동료에게 미룬 적은 없다.	4	3	2	1	0
	14	동료와 함께 성장하기 위해 정보를 나누고 격려한다.	4	3	2	1	0
	15	동료의 약점을 상사에게 알리지 않고 동료에게 직접 조언하여 도울 수 있다.	4	3	2	1	0

* 모두 더한 값을 도출한다. 이것이 당신의 펠로우 리더십 지수이다.

나의 펠로우 리더십 지수는?

결과 보기

45 ~ 60점

당신의 펠로우 리더십은 훌륭하다. 당신은 함께 일할 맛 나는 동료이다. 모든 이들에게 친절하고 따뜻하며 적극적으로 도움을 주는 그 태도는 매우 바람직하다. 조직 안에서 더 큰 그릇으로 성장할 가능성이 높다.

30 ~ 45점

당신은 팀에 분란을 일으키지 않는 좋은 팀원일 것이다. 그러나 동료들이 어려울 때 찾아오는 믿음직한 동료는 아닐 가능성이 높다. 지금 단계에서는 문제가 없으나 앞으로 더 많은 사람을 이끄는 자리에 올랐을 때는 더 넓은 포용력이 필요함을 기억하자.

15 ~ 30점

당신은 동료들 사이에서 융화화는 데 문제를 느끼고 있을 것이다. 자신의 스타일을 고집하기보다 타인을 받아들이고 배려하는 태도를 길러보자. 그리고 동료들에게 먼저 다가감으로써 앞으로의 조직 생활에서 힘이 될 동료들을 내 편으로 만드는 노력을 해야 한다.

0 ~ 15점

당신의 펠로우 리더십에는 문제가 있다. 동료들과 관계를 맺지 않고 자기 일에만 매진하려는 마음이 있지 않은지 돌아보라.

최고 ------ 최저

리더십 체크	1	조직원들과 공유해야 할 사항이나 중요한 회의 결과를 정확하게 전달한다.	4	3	2	1	0
	2	각각의 업무 수행 능력에 맞게 과제를 부여하고 권한을 위임한다.	4	3	2	1	0
	3	업무를 지시할 때는 그 배경을 설명하고 최종 상태를 제시한다.	4	3	2	1	0
	4	결정 사항이 부하직원의 업무에 어떤 영향을 미칠지 폭넓게 고려한다.	4	3	2	1	0
	5	부하직원들에게 선택, 집중해야 할 업무 순위를 알려준다.	4	3	2	1	0
	6	실행 가능한 단계별 목표를 설정하고 달성 정도를 수시로 파악한다.	4	3	2	1	0
	7	팀이나 조직의 문제를 누구보다 먼저 발견할 수 있다.	4	3	2	1	0
	8	문제 상황에서 조직원들이 동요하지 않고 적응할 수 있도록 돕는다.	4	3	2	1	0
	9	관행만을 따르지 않고 새로운 업무 수행 방식을 과감히 도입할 수 있다.	4	3	2	1	0
	10	부하직원들에게 비전을 제시한다.	4	3	2	1	0
	11	부하직원의 기여도를 인정하여 자신의 역할에 자부심을 느끼게 한다.	4	3	2	1	0
	12	부하직원들의 입장을 배려하고 권위의식을 내세우지 않는다.	4	3	2	1	0
	13	좋지 않은 상황에서도 자신의 감정을 있는 그대로 드러내지 않는다.	4	3	2	1	0
	14	사적인 호불호를 따지지 않고 부하직원 전체를 포용하고 격려한다.	4	3	2	1	0
	15	팀원들 분쟁에 개입하여 팀 전체 분위기를 정상적으로 유지할 수 있다.	4	3	2	1	0

*모두 더한 값을 도출한다. 이것이 당신의 리더십 지수이다.

나의 리더십 지수는?

결과 보기

45 ~ 60점

당신은 훌륭한 리더십을 가진 진정한 리더이다. 부하직원들을 포용할 줄 알고 적극적으로 일을 추진하는 힘도 가지고 있다. 이런 리더가 이끄는 조직은 조직원들의 행복과 성과 두 마리 토끼를 모두 잡을 수 있다.

30 ~ 45점

좀 더 노력하면 괜찮은 상사를 넘어 존경받는 인생 선배가 되어 많은 후배들이 따르는 사람이 될 수 있다. 당신은 꽤 괜찮은 상사이나, 아직 인간적으로 기댈 수 있는 리더는 아니다. 전체 조직에서 보았을 때 무난히 팀을 이끌지만 어려운 상황을 극복할 만한 리더는 아니라는 평가를 받을 수 있다.

15 ~ 30점

당신은 부하직원들이 뒤에서 불평을 하는 그저그런 상사일 수 있다. 가끔 조직원들의 업무에 혼란을 주기도 한다. 지금 당신의 리더로서의 능력이 의심받고 있을지도 모른다. 하루속히 개선이 필요하다.

0 ~ 15점

부하직원들이 회사를 떠나고 싶게 만드는 상사이다. 부하들은 업무에 집중하기는커녕 당신의 눈치만 보고 있을지도 모른다. 이런 점수가 나왔다면 당신은 리더의 자리에 앉아 있을 자격이 없는 것이다.

위의 점수를 토대로 리더십 지수 트라이앵글을 만들어보자. 각각의 리더십에 대해 자신의 점수를 점으로 표시하고 선을 연결하여 삼각형을 만든다. 어느 한쪽이 찌그러진 삼각형으로 그려졌다면 그 방향의 리더십에 취약한 것이다. 자신이 어느 방향에 취약점을 보이는지 파악하고 그 인간관계에 좀 더 집중해 보자. 그리고 만약 삼각형의 크기가 작다면 더 큰 삼각형을 그릴 수 있도록 분발해 보라.

리더십 지수 트라이앵글

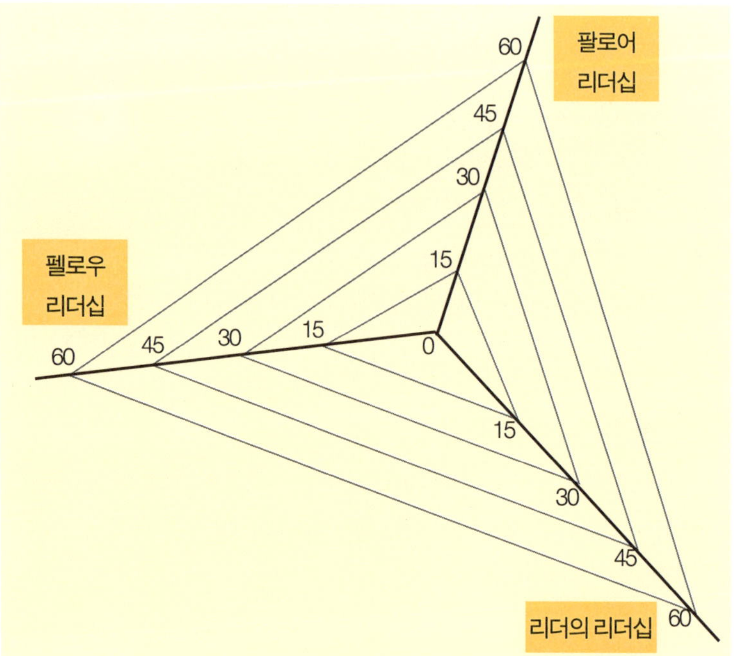

'긍정의 힘' 이 당신을 기다리고 있습니다

새로운 미래를 준비하고 싶습니까?
한 분야에서 인정받는 이로 남고 싶습니까?
1인자라는 말과 함께 선망의 대상으로 살고 싶습니까?
긍정의힘교육원과 함께 행복한 워크숍을 떠나보십시오.

공개강좌 : 세상의 중심에 서서 모두와 더불어 꿈을 현실로 만들어가는 차세대 드림 코칭

좋은 리더 스쿨 : '좋은 리더+좋은 펠로우+좋은 팔로어' 여야 하는 리더십 프로그램

4방향 리더십스쿨 : 실천과 함께 모두가 좋은 가정, 좋은 직장, 더 나아가 좋은 사회를 만드는 데 기여하는 선망의 리더로 거듭날 수 있도록 하는 '나' 프로그램

선망의 리더스쿨 : 변화된 개인은 '윗사람이 자기 아랫사람들만 관리하는 기존 리더십의 한계'에서 탈피해 각 사람이 4방향, 즉 '좋은 팔로어, 좋은 펠로우, 좋은 리더' 로서 해야 할 의무를 동시에(cross) 생각하고 행동함으로써 결국 조직의 문화까지 개선되는 '긍정적인 변화' 프로그램

　　긍정의힘교육원 이철휘 원장은 리더십과 관련된 40여년의 현장경험을 토대로 강의 활동, 기업 컨설팅, 청소년 리더십 캠프 등을 이끌고 있다. 조직과 개인 누구라도 용기를 가지고 문을 두드리면 새로운 리더십 개념을 정립하고 실천하는 데 도움을 받을 수 있다.

긍정의힘교육원 http://www.lcpop.net
전화 : 0505-300-6394　팩스 : (02)2651-7900
교육문의 : 010-6226-6394, 010-3452-3741

살아가면서 한번은 당신에 대해 물어라

1판 1쇄 인쇄 | 2012년 12월 05일
1판 3쇄 발행 | 2013년 11월 30일

지은이 | 이철휘
발행인 | 이용길
발행처 | MOABOOKS 모아북스

관리 | 정윤
디자인 | 이룸

출판등록번호 | 제 10-1857호
등록일자 | 1999. 11. 15
등록된 곳 | 등록된 곳   경기도 고양시 일산동구 호수로(백석동) 358-25 동문타워 2차 519호
대표 전화 | 0505-627-9784
팩스 | 031-902-5236
홈페이지 | http://www.moabooks.com
이메일 | moabooks@hanmail.net
ISBN | 978-89-97385-25-6   13320